VICTORIA EUGENIA CORREA

Conmigo mismo

Descubriendo el Poder del Amor Propio y la Plenitud Interior"

Victoria Eugenia Correa

Solo conmigo mismo

INDICE

Victoria Eugenia Correa

Dedicatoria

A todos aquellos que han sido compañeros de viaje en mi camino hacia el autodescubrimiento y el crecimiento personal, este libro está dedicado a ustedes.

A aquellos que han compartido sus experiencias, sabiduría y amor incondicional, guiándome en el camino hacia el entendimiento y la aceptación de mí mismo.

A mi familia, amigos, mentores y seres queridos, gracias por estar a mi lado en los altibajos de esta jornada de exploración interior.

Que este libro sea un pequeño gesto de gratitud por su apoyo y un recordatorio del poder transformador del amor propio y la plenitud interior.

¡Gracias por conseguir el libro **"Solo conmigo mismo: Descubriendo el poder del amor propio y la plenitud interior"**!

Querido lector,

Estoy profundamente agradecido de que hayas elegido sumergirte en la historia de mi viaje personal. Como muestra de gratitud por tu apoyo y confianza, me complace ofrecerte un regalo especial: un ebook exclusivo.

Descargar tu regalo es fácil. Todo lo que necesitas hacer es escanear el código QR a continuación con tu teléfono inteligente o dispositivo móvil, y tendrás acceso instantáneo al ebook.

¡Espero que disfrutes de esta lectura adicional y que encuentres inspiración en sus páginas!
Con gratitud,

Victoria Eugenia Correa

Victoria Eugenia Correa

INTRODUCCIÓN

En un mundo que a menudo nos bombardea con mensajes sobre la importancia de estar acompañados y rodeados de otros, es fácil perder de vista el valor y la belleza de estar solos. Sin embargo, en la soledad podemos encontrar una fuente inagotable de autoconocimiento, crecimiento personal y, paradójicamente, una conexión más profunda con los demás. Este libro, "Solo conmigo mismo: Descubriendo el Poder del Amor Propio y la Plenitud Interior", se sumerge en el fascinante viaje de exploración de la soledad y el amor propio, destacando su importancia en la búsqueda de la felicidad y la realización personal.

A lo largo de estas páginas, exploraremos cómo la soledad puede ser un espacio sagrado para reflexionar, sanar y crecer. Veremos cómo el amor propio sirve como la base sobre la cual construir relaciones más saludables y satisfactorias con los demás. A través de historias personales, reflexiones profundas y ejercicios prácticos, descubriremos cómo abrazar la soledad y cultivar una relación amorosa con nosotros mismos puede transformar nuestra vida de maneras que nunca imaginamos.

Espero que este libro sirva como una guía compasiva y esclarecedora para aquellos que están listos para sumergirse en el poderoso viaje hacia el autodescubrimiento y la plenitud interior. Que estas palabras inspiren y empoderen a cada lector a abrazar su propia compañía, encontrar el amor dentro de sí mismos y descubrir la belleza y la profundidad que yace en el viaje hacia uno mismo.

Victoria Eugenia Correa

Capítulo 1:
Abrazando la soledad

La soledad, a menudo malinterpretada y estigmatizada en la sociedad moderna, es en realidad una oportunidad invaluable para el crecimiento personal y el autoconocimiento. En este capítulo, exploraremos en profundidad el concepto de soledad y cómo puede convertirse en un espacio de transformación y enriquecimiento interior.

La soledad no es simplemente la ausencia de compañía física, sino más bien un estado interno en el que nos encontramos solos con nuestros pensamientos, emociones y experiencias. Es en estos momentos de soledad que tenemos la oportunidad de sumergirnos en nuestro mundo interior, de explorar quiénes somos realmente más allá de las máscaras sociales y las expectativas externas.

Al abrazar la soledad, nos damos permiso para desconectar del ruido externo y conectar con nuestra esencia más profunda. Nos permite sintonizar con nuestras verdaderas necesidades, deseos y valores, sin la influencia de otros. En este sentido, la soledad se convierte en un catalizador para el autoconocimiento, proporcionándonos el espacio y la claridad mental necesarios para reflexionar sobre nuestra vida y nuestras elecciones.

Es importante comprender que la soledad no tiene por qué ser un estado negativo o deprimente. De hecho, puede ser una experiencia profundamente enriquecedora y liberadora si la abordamos con la actitud adecuada. En lugar de temer a la soledad, podemos aprender a disfrutar de nuestra propia compañía, a encontrarnos con nosotros mismos de una manera nueva y significativa.

Durante nuestros momentos de soledad, tenemos la oportunidad de explorar nuestros sueños, aspiraciones y miedos más profundos. Nos permite confrontar nuestras inseguridades y limitaciones, y trabajar en superarlas. En lugar de distraernos constantemente con la actividad externa, la soledad nos invita a sumergirnos en la quietud y la contemplación, donde podemos escuchar la voz de nuestra intuición y sabiduría interior. Nos permite tomar mejores decisiones y presentar una ausencia de dependencia emocional. Además, la soledad nos brinda la oportunidad de nutrir nuestra creatividad y pasiones. Cuando nos permitimos estar solos con nuestros pensamientos, podemos dar rienda suelta a nuestra imaginación y explorar nuevas ideas y proyectos. La soledad nos ofrece el espacio necesario para la introspección y la reflexión, lo que puede llevar a descubrimientos profundos sobre nosotros mismos y el mundo que nos rodea.

Victoria Eugenia Correa

Solo conmigo mismo

Abrazar la soledad es un acto de valentía y autenticidad. Es un viaje hacia el autoconocimiento y la plenitud interior, que nos permite cultivar una relación más profunda y significativa con nosotros mismos. A medida que nos adentramos en este viaje, descubrimos que la soledad no es un enemigo a evitar, sino un amigo que nos guía hacia nuestro verdadero yo.

Imagina que la soledad es como un superpoder que todos tenemos dentro de nosotros. Es como tener una súper capa que nos permite explorar el mundo de nuestros pensamientos y emociones, ¡y eso es genial!

Cuando estás solo, no estás realmente solo. Estás contigo mismo, ¡y eso es una gran compañía! Es como tener a tu mejor amigo siempre contigo. Puedes hablar contigo mismo, escuchar tus pensamientos y sentir tus emociones sin que nadie te interrumpa.

La soledad es como un viaje emocionante dentro de ti mismo. Es como si fueras un explorador en una aventura increíble, pero en lugar de explorar tierras lejanas, estás explorando tu propio corazón y mente. ¡Y créeme, hay muchas cosas emocionantes por descubrir allí!

Cuando estás solo, tienes tiempo para pensar en lo que realmente te gusta hacer. Puedes dibujar, escribir, cantar, bailar o hacer cualquier cosa que te haga feliz. No tienes que preocuparte por lo que piensen los demás, ¡solo estás tú y tus intereses!

Además, la soledad te da la oportunidad de conocerte mejor. Puedes descubrir lo que te hace sentir feliz, triste, emocionado o asustado. Aprenderás qué cosas te gustan y cuáles no, ¡y eso te ayudará a tomar decisiones mejores y más inteligentes en el futuro!

Victoria Eugenia Correa

Solo conmigo mismo

También podemos comparar la soledad a una montaña rusa emocional. A veces nos sentimos felices y libres, mientras que otras veces nos sentimos tristes y solos.

Pero, ¿sabías que la soledad puede ser tu mejor amiga? Déjame explicarte.

Imagina que eres como un explorador en un viaje épico. La soledad es tu compañera de viaje, siempre contigo, pase lo que pase. Cuando estás solo, tienes la oportunidad de conocerte mejor. Es como si te miraras en un espejo gigante y vieras todas las partes de ti mismo, incluso las que no te gustan tanto.

Digamos que estás en casa un sábado por la tarde. Todos tus amigos están ocupados y no tienes planes. En lugar de sentirte triste o aburrido, decides aprovechar al máximo tu tiempo a solas. Enciendes tu música favorita, sacas tus crayones y empiezas a dibujar.

Estás completamente inmerso en tu arte, sin preocuparte por lo que piensen los demás. En ese momento, la soledad se convierte en tu cómplice creativo.

O tal vez estás en el parque, sentado en un banco, observando a la gente pasar. Te das cuenta de que estás rodeado de naturaleza: los árboles susurran historias antiguas, los pájaros cantan melodías alegres y el sol acaricia tu rostro con su cálido abrazo. En ese momento, te das cuenta de que la soledad no es estar solo, sino estar en paz contigo mismo y con el mundo que te rodea.

La soledad también puede ser una oportunidad para reflexionar sobre tus sueños y metas. Cierras los ojos y te imaginas dónde te gustaría estar en cinco años. Visualizas tus logros, tus experiencias y las personas que te rodean. Te das cuenta de que la soledad te da el espacio y la tranquilidad necesarios para escuchar la voz de tu corazón y seguir tu propio camino.

Así que la próxima vez que te encuentres solo, ¡no tengas miedo!

Recuerda que la soledad es como un súper poder que te ayuda a descubrir quién eres realmente y qué te hace especial.

¡Y eso es algo asombroso!

Victoria Eugenia Correa

Capítulo 2:

Amor propio como fundamento

El amor propio es como el cimiento de una casa. Sin él, las relaciones se tambalean y pueden derrumbarse fácilmente. Pero ¿qué es realmente el amor propio y por qué es tan importante?

Imagina que eres un árbol. El amor propio es tu raíz, la base sólida que te sostiene y te permite crecer alto y fuerte. Cuando te amas a ti mismo, te aceptas tal como eres, con todas tus virtudes y defectos. No necesitas la aprobación de los demás para sentirte completo, porque sabes que tu valía no depende de lo que piensen los demás.

El amor propio también es como un escudo protector que te ayuda a mantenerte firme en medio de las tormentas emocionales. Cuando tienes una sólida autoestima, no te dejas arrastrar por la opinión de los demás ni te dejas afectar por el rechazo o la crítica. Eres capaz de defenderte de las energías negativas y mantener una actitud positiva incluso en los momentos más difíciles.

Victoria Eugenia Correa

Pero el amor propio va más allá de simplemente sentirse bien consigo mismo. También se trata de cuidarse y respetarse a uno mismo. Esto significa establecer límites saludables en tus relaciones, decir "no" cuando es necesario y priorizar tu bienestar emocional y físico. Cuando te amas a ti mismo, te das cuenta de que mereces ser tratado con respeto y dignidad en todas tus interacciones.

Ahora, hablemos de cómo el amor propio influye en nuestras relaciones con los demás. Cuando te amas a ti mismo, eres capaz de amar a los demás de una manera más auténtica y saludable. No buscas en los demás la validación o la felicidad que solo puedes encontrar dentro de ti mismo. En lugar de ello, compartes tu amor y tu alegría con los demás de forma desinteresada, sin esperar nada a cambio.

El amor propio también es la clave para establecer límites claros y comunicarse de manera efectiva en las relaciones. Cuando te respetas a ti mismo, eres capaz de comunicar tus necesidades, deseos y expectativas de manera clara y asertiva. Esto crea un ambiente de confianza y respeto mutuo en el que ambas partes se sienten seguras y valoradas.

¿Cuáles son las circunstancias que pueden influir en la falta de amor propio? algunas situaciones que pueden afectar negativamente al amor propio son las siguientes:

Cuando te comparas constantemente: Cuando te comparas constantemente con los demás, es fácil sentirte inferior o insuficiente. Las redes sociales y los medios de comunicación a menudo promueven estándares poco realistas de belleza, éxito y felicidad, lo que puede hacer que te sientas inadecuado si no cumples con esas expectativas.

Autocrítica excesiva: Todos cometemos errores y tenemos áreas en las que podemos mejorar, pero la autocrítica excesiva puede llevar a la baja autoestima y la falta de confianza en uno mismo. Es importante aprender a tratarse a uno mismo con amabilidad y compasión, y reconocer que nadie es perfecto.

Dependencia de la validación externa: Si basas tu valía en la aprobación y el reconocimiento de los demás, tu autoestima estará en constante riesgo. Es importante aprender a valorarte a ti mismo independientemente de lo que piensen los demás y encontrar la validación desde dentro.

Experiencias pasadas traumáticas: El abuso, el acoso, el abandono o cualquier otra experiencia traumática pueden dejar cicatrices emocionales profundas que afectan a la percepción de uno mismo. Es importante buscar apoyo profesional para sanar estas heridas y reconstruir el amor propio.

Victoria Eugenia Correa

Solo conmigo mismo

Perfeccionismo: La búsqueda constante de la perfección puede llevar a una sensación de nunca estar lo suficientemente bien. Aprender a aceptar tus imperfecciones y errores como parte del proceso de crecimiento es fundamental para desarrollar un amor propio saludable.

Falta de límites personales: Si permites que los demás te traten mal o no estableces límites saludables en tus relaciones, es probable que tu autoestima se vea afectada. Es importante aprender a decir "no" cuando sea necesario y defender tus necesidades y deseos.

Estas son solo algunas de las situaciones que pueden contribuir a la falta de amor propio. Reconocer estas señales es el primer paso para comenzar a trabajar en tu autoestima y cultivar un amor propio más sólido y saludable.

Concluimos entonces,que el amor propio es el fundamento sobre el que se construyen relaciones saludables y satisfactorias.

Cuando te amas a ti mismo, eres capaz de mantener una actitud positiva, establecer límites saludables y compartir tu amor de manera auténtica con los demás.

Así que tómate el tiempo para cultivar el amor propio en tu vida y verás cómo transforma todas tus relaciones para mejor.

Victoria Eugenia Correa

Capítulo 3:
Sanando Heridas del pasado

En este capítulo exploraremos el proceso de sanación emocional y cómo liberarnos del peso del pasado para abrirnos a nuevas experiencias y relaciones más saludables. Comenzaremos reconociendo que todos llevamos cicatrices emocionales, resultado de experiencias dolorosas o traumáticas en el pasado. Estas heridas pueden manifestarse de diversas formas en nuestra vida diaria, como la falta de confianza en uno mismo, la dificultad para establecer límites sanos, o la tendencia a repetir patrones destructivos en nuestras relaciones.

Es crucial comprender que sanar estas heridas no significa olvidar lo que nos ha pasado, sino más bien aceptar y procesar el dolor para poder seguir adelante. Esto implica enfrentar nuestras emociones más difíciles, permitirnos sentir el dolor y la tristeza que puedan surgir, y luego trabajar en liberarnos de su influencia en nuestras vidas presentes.

Una parte fundamental de este proceso es el perdón, tanto hacia los demás como hacia uno mismo. Perdonar no significa justificar el comportamiento de quienes nos han herido, sino liberarnos del resentimiento y la amargura que nos atan al pasado. Al perdonar, nos liberamos del peso emocional que llevamos y nos abrimos a la posibilidad de experimentar una mayor paz interior y conexión con nosotros mismos y con los demás.

Además del perdón, la auto-compasión juega un papel fundamental en el proceso de sanación. A menudo somos nuestros críticos más duros, culpándonos por errores pasados o juzgándonos por nuestras imperfecciones.

Cultivar la compasión hacia uno mismo implica tratarnos con amabilidad y comprensión, reconociendo que todos somos humanos y merecemos amor y aceptación incondicional, incluido nosotros mismos.

Victoria Eugenia Correa

Solo conmigo mismo

A lo largo de este capítulo, exploraremos diversas técnicas y herramientas para sanar nuestras heridas emocionales, desde la terapia psicológica hasta prácticas de autocuidado como la meditación, el yoga y la escritura terapéutica.

Cada persona encontrará su propio camino hacia la sanación, pero lo importante es dar el primer paso hacia adelante, reconociendo la importancia de cuidar nuestra salud emocional y trabajar activamente en nuestro propio proceso de sanación.

Para esto es importante conocer en que consiste cada una para que podamos definir cual es la que mas nos conviene de manera individual.

Terapia psicológica: Buscar la ayuda de un profesional de la salud mental, como un psicólogo o terapeuta, puede ser fundamental para abordar y sanar las heridas emocionales.

A través de la terapia, se pueden identificar y explorar las causas subyacentes del dolor emocional, desarrollar estrategias para afrontarlo y aprender habilidades para el manejo del estrés y la gestión emocional.

Mindfulness y meditación: Practicar la atención plena y la meditación puede ayudar a calmar la mente, reducir el estrés y la ansiedad, y promover la autoconciencia y la autocompasión.

La meditación guiada, la meditación de respiración y la meditación de amor bondadoso son algunas de las técnicas que pueden ser útiles para cultivar la paz interior y sanar heridas emocionales.

La meditación es una herramienta poderosa para liberarnos del pasado y encontrar paz interior. A través de la meditación, podemos observar nuestros pensamientos y emociones sin juzgar, y aprender a soltar aquello que ya no nos sirve. La práctica regular de la meditación nos ayuda a cultivar la atención plena y la compasión hacia nosotros mismos, lo que nos permite sanar nuestras heridas emocionales y encontrar una mayor aceptación y amor propio.

El uso de correctas posturas y respiración: Combinar posturas físicas, respiración consciente y meditación para promover el equilibrio físico, mental y emocional.

Practicarlo regularmente puede ayudar a reducir la tensión muscular, mejorar la flexibilidad y fortalecer el vínculo entre el cuerpo y la mente, lo que contribuye a la sanación emocional.

Victoria Eugenia Correa

Solo conmigo mismo

Escritura terapéutica: Escribir sobre nuestras emociones y experiencias puede ser una forma poderosa de procesar y dar sentido a nuestras heridas emocionales.

Mantener un diario de emociones, escribir cartas no enviadas a personas significativas en nuestras vidas o expresar nuestras emociones a través de la poesía o la narrativa creativa pueden ayudar a liberar el dolor emocional y fomentar la autoexpresión.

Escribir sobre nuestras experiencias pasadas puede ser una forma poderosa de procesar emociones, ganar claridad y encontrar sentido en nuestras vivencias.

Al expresar nuestros pensamientos y sentimientos en papel, podemos identificar patrones de pensamiento dañinos, desafiar creencias limitantes y dar voz a nuestras experiencias más profundas.

La escritura terapéutica nos permite explorar nuestro mundo interior de manera segura y creativa, y nos brinda la oportunidad de transformar nuestras heridas en fuentes de crecimiento y aprendizaje.

Prácticas de autocuidado: El autocuidado juega un papel fundamental en la sanación emocional.

Esto incluye actividades como cuidar el cuerpo a través de una dieta equilibrada, ejercicio regular y descanso adecuado, así como dedicar tiempo a actividades que nos traigan alegría y satisfacción, como practicar hobbies, pasar tiempo con seres queridos, o disfrutar de la naturaleza.

Visualización guiada: La visualización guiada es una técnica en la que imaginamos escenas o situaciones positivas para promover la relajación, la autoconfianza y la curación emocional.

Al visualizarnos a nosotros mismos sanando y superando nuestras heridas emocionales, podemos reprogramar nuestra mente para enfocarse en el crecimiento y la positividad.

Al incorporar estas técnicas y herramientas en nuestra vida diaria, podemos comenzar el proceso de sanación emocional y avanzar hacia una vida más plena y satisfactoria.

Es importante recordar que cada persona es única, por lo que es importante explorar diferentes enfoques y encontrar lo que funcione mejor para nosotros individualmente.

Victoria Eugenia Correa

Solo conmigo mismo

Al liberarnos del peso del pasado, abrimos la puerta a un futuro más brillante y pleno. A través del perdón, el autocuidado, la meditación y la escritura terapéutica, podemos sanar nuestras heridas emocionales y encontrar la paz interior que tanto anhelamos.

Al hacerlo, nos empoderamos para vivir nuestras vidas con autenticidad, alegría y plenitud, y para construir relaciones más satisfactorias y significativas.

La liberación del pasado es el primer paso hacia un viaje de autodescubrimiento y transformación que nos llevará a alcanzar nuestro máximo potencial y a vivir la vida que verdaderamente deseamos.

Victoria Eugenia Correa

Capítulo 4:
Redefiniendo la soledad

La redefinición de la soledad es un proceso profundo que implica explorar su origen, comprender su naturaleza y reconocer los regalos y oportunidades que trae consigo.

La soledad puede surgir de diversas fuentes y manifestarse de diferentes maneras en la vida de las personas.

Puede ser el resultado de una pérdida significativa, como la muerte de un ser querido, el fin de una relación o la separación de la familia.

También puede ser el producto de cambios importantes en la vida, como mudarse a un lugar nuevo, cambiar de trabajo o enfrentar una crisis personal. Además, la soledad puede surgir de la desconexión emocional o la falta de conexión significativa con los demás, incluso en medio de una multitud.

Es importante entender que sentirse solo es una experiencia humana normal y común que todos experimentamos en algún momento de nuestras vidas. La soledad no discrimina por edad, género, raza o estatus social; afecta a personas de todas las edades y circunstancias. Reconocer la normalidad de sentirse solo puede ser el primer paso para abordar este sentimiento de manera saludable y constructiva.

La soledad puede manifestarse de diversas formas, tanto físicas como emocionales. Puede sentirse como un vacío en el pecho, un nudo en la garganta o una sensación de pesadez en el cuerpo. Emocionalmente, la soledad puede manifestarse como tristeza, ansiedad, vacío o desesperanza. También puede llevar a pensamientos negativos sobre uno mismo, como la creencia de que no se es digno de amor o de conexión con los demás.

A pesar de su connotación negativa, la soledad también puede ser una fuente de regalos y oportunidades para el crecimiento personal y la transformación. Al estar solos, tenemos la oportunidad de conectarnos más profundamente con nosotros mismos y de explorar nuestros pensamientos, emociones y deseos más profundos. La soledad nos invita a reflexionar sobre nuestra vida y nuestras relaciones, y nos brinda la oportunidad de identificar lo que realmente valoramos y deseamos en la vida.

Victoria Eugenia Correa

Solo conmigo mismo

Además, la soledad nos llama a conectarnos con los demás de una manera más auténtica y significativa.

Cuando nos permitimos estar solos y ser vulnerables, creamos espacio para relaciones más profundas y significativas con los demás. La soledad nos enseña la importancia de la conexión humana y nos motiva a buscar relaciones que nos nutran y nos apoyen en nuestro camino.

Debemos comprender que la soledad es una experiencia humana normal y común que puede surgir de diversas fuentes y manifestarse de diferentes maneras.

Aunque puede ser difícil y desafiante, la soledad también puede ser una oportunidad para el crecimiento personal y la transformación.

Explorando el concepto de soledad desde una perspectiva transformadora y cambiando la percepción común de la soledad como algo negativo a una oportunidad para la introspección y el autodescubrimiento, es entonces cuando la soledad puede ser vista como una experiencia enriquecedora que nos permite conectar con nuestro ser más profundo y descubrir aspectos de nosotros mismos que de otra manera podrían pasar desapercibidos. Al redefinir la soledad de esta manera, podemos aprender a abrazarla como una aliada en nuestro viaje hacia el crecimiento personal y la realización interior.

En primer lugar, es importante entender que la soledad no es lo mismo que el aislamiento. Mientras que el aislamiento se caracteriza por la falta de conexión con los demás y puede ser perjudicial para nuestra salud mental y emocional, la soledad es una experiencia interna que puede ocurrir tanto en presencia como en ausencia de otras personas.

La soledad nos brinda la oportunidad de desconectar del mundo exterior y sintonizar con nuestro mundo interior, permitiéndonos explorar nuestros pensamientos, emociones y deseos más profundos.

Victoria Eugenia Correa

Solo conmigo mismo

Una forma de redefinir la soledad es cambiar nuestra actitud hacia ella, viéndola como un espacio sagrado y fértil para la reflexión y el autoconocimiento. En lugar de temer a la soledad o evitarla a toda costa, podemos aprender a disfrutar de los momentos de silencio y tranquilidad que nos ofrece. La soledad nos invita a estar presentes en el momento presente y a sumergirnos en la riqueza de nuestra propia compañía.

Además, la soledad nos ofrece la oportunidad de profundizar en nuestras relaciones con los demás. Cuando nos permitimos estar solos, cultivamos una relación más auténtica y significativa con nosotros mismos, lo que a su vez nos permite relacionarnos de manera más genuina con los demás. Al conocer y aceptarnos a nosotros mismos, somos capaces de establecer límites saludables en nuestras relaciones y de comunicarnos de manera más clara y efectiva con los demás.

La soledad también nos brinda la oportunidad de nutrir nuestra creatividad y explorar nuevos intereses y pasiones. Cuando estamos solos, tenemos la libertad de seguir nuestro propio ritmo y de seguir el curso de nuestra curiosidad sin las distracciones del mundo exterior. La soledad puede ser un momento propicio para la expresión artística, la escritura, la música, la meditación, la exploración de la naturaleza y otras actividades que nos permiten conectarnos con nuestra creatividad interior.

Otro aspecto importante de la soledad es su capacidad para fortalecer nuestra resiliencia emocional y nuestra capacidad para enfrentar los desafíos de la vida.

Cuando aprendemos a estar solos y a disfrutar de nuestra propia compañía, nos volvemos más seguros de nosotros mismos y menos dependientes de la validación externa.

La soledad nos enseña a confiar en nuestras propias habilidades y recursos internos, lo que nos permite superar los obstáculos con mayor gracia y determinación.

La soledad puede ser una experiencia profundamente enriquecedora y transformadora si la abordamos con la actitud adecuada. Al redefinir la soledad como una oportunidad para la introspección, el autodescubrimiento y el crecimiento personal, podemos aprender a apreciarla como una parte valiosa de nuestra experiencia humana.

Al abrazar la soledad y permitirnos estar en contacto con nuestro ser más profundo, nos abrimos a un mundo de posibilidades y nos acercamos un paso más hacia la realización de nuestro potencial más elevado y explorando sus regalos y oportunidades, podemos aprender a conectarnos más profundamente con nosotros mismos y con los demás, y a vivir vidas más auténticas y significativas.

Victoria Eugenia Correa

Solo conmigo mismo

La soledad, aunque a menudo se percibe como una experiencia negativa, también puede traer consigo valiosos regalos y oportunidades para el crecimiento personal y la conexión significativa con nosotros mismos y con los demás.

Entre los regalos que la soledad puede ofrecernos se encuentran:

Autoconocimiento: La soledad nos brinda la oportunidad de explorar nuestros pensamientos, emociones y deseos más profundos sin distracciones externas. Nos permite conectarnos con nuestra verdadera esencia y comprendernos mejor a nosotros mismos.

Creatividad: En momentos de soledad, nuestra mente tiene la libertad de vagar y explorar nuevos horizontes creativos. La tranquilidad y el silencio pueden inspirar ideas frescas y originales, permitiéndonos expresarnos a través del arte, la escritura o cualquier otra forma de expresión creativa.

Claridad mental: La soledad ofrece un espacio para la reflexión tranquila y la contemplación profunda. Nos permite alejarnos del ruido y la agitación del mundo exterior para encontrar claridad mental y perspectiva sobre nuestras vidas, decisiones y metas.

Independencia emocional: Al aprender a estar cómodos en nuestra propia compañía, desarrollamos una mayor independencia emocional y autoconfianza. Nos volvemos menos dependientes de la validación externa y más capaces de satisfacer nuestras propias necesidades emocionales.

Conexión auténtica: La soledad nos llama a conectar de manera más auténtica y significativa con nosotros mismos y con los demás.

Cuando estamos solos, tenemos la oportunidad de cultivar relaciones más profundas y significativas basadas en la autenticidad, la vulnerabilidad y el apoyo mutuo.

Victoria Eugenia Correa

Solo conmigo mismo

En cuanto a cómo nos está llamando a conectar, la soledad nos invita a conectarnos con:

Nosotros mismos: Nos anima a explorar nuestra propia compañía y a desarrollar una relación amorosa y compasiva con nosotros mismos. La soledad nos invita a escuchar nuestras necesidades internas y a nutrirnos emocionalmente desde adentro hacia afuera.

Los demás: La soledad nos motiva a buscar conexiones genuinas y significativas con los demás. Nos enseña la importancia de compartir nuestras experiencias, pensamientos y emociones con aquellos que nos rodean, y nos inspira a cultivar relaciones que nos nutran y nos apoyen en nuestro camino.

La naturaleza: La soledad también nos llama a conectar con la naturaleza y el mundo que nos rodea. Nos invita a disfrutar de la belleza y la serenidad del entorno natural, y nos recuerda nuestra interconexión con todos los seres vivos en el planeta.

La soledad puede ser una poderosa fuente de regalos y oportunidades para el crecimiento personal y la conexión significativa con nosotros mismos, con los demás y con el mundo que nos rodea. Al abrazar la soledad y explorar sus regalos, podemos aprender a vivir vidas más auténticas, plenas y satisfactorias.

Victoria Eugenia Correa

Solo conmigo mismo

Capítulo 5:
Conexión interior

Cultivando una Relación Amorosa Contigo Mismo

En un mundo lleno de distracciones y demandas constantes, es fácil perder de vista la conexión más importante de todas: la que tenemos con nosotros mismos. Este capítulo se sumerge en las profundidades de la conexión interior, explorando técnicas poderosas para cultivar una relación amorosa y compasiva con uno mismo.

Explorando la Conexión Interior:

La conexión interior es el puente que nos une con nuestro verdadero ser, más allá de las máscaras que solemos llevar en nuestra vida diaria. Para comenzar a explorar esta conexión, es crucial encontrar momentos de tranquilidad y silencio en nuestra rutina diaria. La meditación y la atención plena son herramientas invaluable para este propósito, permitiéndonos sintonizar con nuestras emociones, pensamientos y sensaciones corporales.

Estar en conexión con tu interior implica tener una profunda conciencia y comprensión de tus pensamientos, emociones, deseos y necesidades más íntimas.

Significa estar en sintonía con tu ser auténtico, tu verdadera esencia, y vivir desde un lugar de autenticidad y plenitud. Esto implica escuchar tu voz interior, honrar tus valores y principios, y tomar decisiones que estén alineadas con tu bienestar emocional, mental y espiritual.

Estar en conexión con tu interior también implica tener una relación amorosa contigo mismo, cultivando la autoaceptación, la compasión y el cuidado personal.

Es un proceso continuo de autoexploración, autoconciencia y crecimiento personal que te permite vivir una vida más auténtica y satisfactoria.

Victoria Eugenia Correa

Solo conmigo mismo

Practicando la Autocompasión:

La autocompasión es un componente esencial de la conexión interior. Consiste en tratarnos a nosotros mismos con la misma amabilidad y compasión que mostraríamos hacia un amigo querido. Esto implica reconocer y validar nuestras propias experiencias, incluso cuando son difíciles o dolorosas. La práctica de la autocompasión nos ayuda a liberarnos del autocastigo y el juicio autoimpuesto, permitiéndonos abrazar plenamente nuestra humanidad.

Cultivando la Gratitud y la Aceptación:

La gratitud y la aceptación son piedras angulares de una relación amorosa con uno mismo. Al practicar la gratitud, aprendemos a apreciar las bendiciones presentes en nuestra vida, incluso en medio de los desafíos y adversidades. La aceptación nos invita a abrazar todas las partes de nosotros mismos, incluidas aquellas que preferiríamos ocultar o cambiar. Al hacerlo, cultivamos un sentido más profundo de paz interior y serenidad.

Nutriendo el Cuidado Personal:

El autocuidado es una expresión tangible de amor propio. Implica atender nuestras necesidades físicas, emocionales y espirituales de manera regular y diligente. Esto puede incluir prácticas como el ejercicio regular, una alimentación saludable, el descanso adecuado, la expresión creativa y la conexión con la naturaleza. Al priorizar el cuidado personal, honramos nuestra dignidad y valor intrínsecos como seres humanos.

Herramientas Prácticas para la Conexión Interior:

Diario de Gratitud: Mantener un diario de gratitud donde registramos las cosas por las que estamos agradecidos cada día. Dedica tiempo a escribir en un diario tus pensamientos, emociones y reflexiones. Esto te ayudará a procesar tus experiencias internas y a profundizar en tu autoconocimiento.

Visualización Creativa: Practicar visualizaciones creativas que nos permitan conectarnos con nuestra visión más elevada de nosotros mismos y nuestro futuro deseado.

Prácticas de Respiración Consciente: Utilizar técnicas de respiración consciente para calmar la mente, reducir el estrés y promover la conexión con el momento presente.

Solo conmigo mismo

Practica la meditación diaria: Dedica al menos cinco minutos cada día a sentarte en silencio, cerrar los ojos y enfocarte en tu respiración. Observa tus pensamientos sin juzgar y permite que tu mente se calme, permitiendo así que surja una mayor conexión contigo mismo.

Realiza actividades creativas: Dedica tiempo a actividades que te permitan expresar tu creatividad, como pintar, dibujar, escribir, bailar o tocar un instrumento. Estas actividades pueden ayudarte a conectar con tu ser interior y a expresar tus emociones de manera auténtica.

Pasa tiempo en la naturaleza: Sal al aire libre y pasa tiempo en contacto con la naturaleza. Camina por el bosque, nada en el mar o simplemente siéntate bajo un árbol y observa el cielo. La naturaleza tiene un poderoso efecto para calmar la mente y conectar con nuestro ser más profundo.

Practica el mindfulness: Realiza actividades cotidianas con plena conciencia, prestando atención al momento presente y a tus sensaciones internas. Esto puede incluir comer conscientemente, tomar una ducha con atención plena o simplemente observar el mundo que te rodea con una actitud de apertura y curiosidad.

Escucha tu intuición: Aprende a confiar en tu intuición y en tus corazonadas. Dedica tiempo a escuchar la voz de tu interior y a tomar decisiones basadas en tu sabiduría interna.

Haz una pausa digital: Desconéctate de tus dispositivos electrónicos durante un período de tiempo y permite que tu mente descanse. Esto te ayudará a reducir el ruido mental y a conectar más profundamente contigo mismo.

Escucha música que te inspire: Dedica tiempo a escuchar música que te haga sentir emociones profundas y te inspire a conectarte contigo mismo. La música puede tener un poderoso efecto para abrir el corazón y conectar con nuestras emociones más íntimas.

Busca apoyo profesional si es necesario: Si sientes que estás luchando por reconectar contigo mismo, considera buscar el apoyo de un terapeuta o consejero. Un profesional puede ayudarte a explorar tus pensamientos y emociones de manera más profunda y a encontrar estrategias para reconectar con tu interior.

Victoria Eugenia Correa

Solo conmigo mismo

Se trata de un precioso momento de pausa en el ajetreo del día a día, un instante reservado para desconectar del bullicio exterior y adentrarnos en nuestro propio universo interior. En este espacio de serenidad, nos permitimos observar con detenimiento los pensamientos que atraviesan nuestra mente, sin aferrarnos a ellos ni juzgarlos.

Es como si nos situáramos en la orilla de un río caudaloso, observando cómo fluyen los pensamientos sin que nos arrastren con ellos. Al practicar esta observación desapegada, empezamos a percibir patrones y tendencias en nuestra mente, reconociendo aquellos pensamientos recurrentes que nos dominan.

En este estado de contemplación tranquila, cultivamos una sensación de calma interior que nos permite conectarnos con nuestro ser más profundo.

Es como sumergirse en las profundidades de nuestro propio océano interior, explorando las corrientes emocionales y los paisajes internos que yacen bajo la superficie. En esta quietud, encontramos un refugio seguro donde podemos descansar y recargar nuestras energías, liberándonos de la agitación del mundo exterior.

A medida que practicamos esta observación sin juicio, cultivamos una mayor comprensión de nosotros mismos y de nuestros patrones mentales.

Nos volvemos más conscientes de cómo nuestros pensamientos afectan nuestras emociones y acciones, y ganamos la capacidad de responder de manera más sabia y compasiva ante las situaciones de la vida.

En este estado de calma y claridad, nos abrimos a la posibilidad de experimentar una mayor paz interior y plenitud en nuestras vidas.

Victoria Eugenia Correa

Capítulo 6: Liberándonos del miedo a la soledad

El miedo a la soledad es una experiencia común en la vida de muchas personas. A menudo, asociamos la soledad con el aislamiento y la falta de conexión, lo que puede generar ansiedad y angustia. Sin embargo, la soledad puede ser una oportunidad para el autodescubrimiento, el crecimiento personal y la conexión más profunda con uno mismo.

En este capítulo, exploraremos diversas estrategias para liberarnos del miedo a la soledad y aprender a disfrutar de nuestra propia compañía.

Pero primero centrémonos a conocer ¿qué es el miedo?

El miedo a la soledad es una experiencia profundamente arraigada en la psique humana. Aunque evolucionamos como seres sociales, dependientes de la conexión y el apoyo de los demás para nuestra supervivencia, el miedo a la soledad persiste incluso en entornos modernos donde la amenaza física no es tan prominente.

Este miedo se manifiesta en diversas formas y puede afectar nuestra calidad de vida y bienestar emocional de manera significativa.

En primer lugar, el miedo a la soledad puede surgir de la incertidumbre sobre el futuro y la incapacidad para prever lo que vendrá. En un mundo en constante cambio y con tantas variables fuera de nuestro control, el temor a enfrentar la incertidumbre y la soledad puede ser abrumador.

Nos aferramos a las relaciones y a las rutinas familiares como una forma de mitigar este miedo y encontrar un sentido de seguridad y estabilidad en nuestras vidas.

Victoria Eugenia Correa

Solo conmigo mismo

Además, el miedo a la soledad puede estar relacionado con el miedo al rechazo y a la falta de aceptación por parte de los demás. Como seres sociales, anhelamos la conexión y el sentido de pertenencia, y el temor a ser rechazados o excluidos puede llevarnos a evitar la soledad a toda costa. Esto puede manifestarse en patrones de comportamiento codependientes o en la búsqueda constante de la aprobación externa para validar nuestro propio valor y autoestima.

El miedo a la soledad también puede estar vinculado al miedo al autoconocimiento y a enfrentar nuestros propios pensamientos y emociones. La soledad nos obliga a enfrentarnos a nosotros mismos sin distracciones externas, lo que puede ser aterrador para aquellos que evitan la introspección y la reflexión profunda. Tememos lo que podríamos descubrir sobre nosotros mismos en esos momentos de silencio y soledad, y preferimos mantenernos ocupados y distraídos en lugar de enfrentar nuestra propia verdad interior.

El miedo a la soledad es una experiencia universal que afecta a personas de todas las edades y trasfondos. Surge de la necesidad humana de conexión y pertenencia, así como de la evitación del dolor emocional y la vulnerabilidad. Reconocer y comprender este miedo es el primer paso para superarlo y aprender a disfrutar de nuestra propia compañía de manera auténtica y satisfactoria.

Cuando el miedo a la soledad toma las decisiones por ti, puede tener un impacto significativo en tu vida y bienestar emocional. Este miedo puede manifestarse de varias maneras, desde evitar situaciones o relaciones que podrían conducir a la soledad hasta comprometer tus propios valores y necesidades con tal de evitar estar solo. A continuación, exploraremos cómo el miedo a la soledad puede influir en las decisiones y acciones de una persona, así como las consecuencias que puede tener a largo plazo.

Evitar la confrontación: El miedo a la soledad puede llevar a evitar cualquier situación que pueda resultar en una confrontación o conflicto interpersonal. Por ejemplo, podrías quedarte en una relación insatisfactoria o en un trabajo tóxico por temor a quedarte solo si tomas la decisión de irte. Esta evitación puede impedirte abogar por tus propias necesidades y mantener relaciones poco saludables por miedo a quedarte solo.

Depender demasiado de los demás: El miedo a la soledad puede conducir a una dependencia excesiva de otras personas para sentirte completo o validado. Esto podría manifestarse en relaciones codependientes en las que sacrificas tu autonomía y bienestar emocional por mantener la conexión con otra persona.

Victoria Eugenia Correa

Solo conmigo mismo

Dependiendo en exceso de los demás para evitar la soledad puede erosionar tu autoestima y capacidad para tomar decisiones por ti mismo.

Buscar constantemente la aprobación: El miedo a la soledad puede llevar a buscar constantemente la aprobación y validación de los demás para sentirte aceptado y valorado. Esto puede manifestarse en comportamientos como complacer a los demás, buscar constantemente la validación externa y evitar expresar tus propias opiniones o deseos por temor a ser rechazado. Esta búsqueda constante de aprobación puede limitar tu capacidad para ser auténtico y vivir de acuerdo con tus propios valores y creencias.

Permanecer en relaciones poco saludables: El miedo a la soledad puede llevarte a permanecer en relaciones poco saludables o abusivas por temor a quedarte solo. Podrías justificar o minimizar el comportamiento dañino de tu pareja o amigos con tal de mantener la conexión y evitar enfrentarte a la posibilidad de estar solo. Esta falta de límites y autoestima puede perpetuar un ciclo de relaciones poco saludables y causar un daño emocional duradero.

Evitar el autoconocimiento: El miedo a la soledad puede llevarte a evitar el autoconocimiento y la introspección profunda. Podrías distraerte constantemente con actividades o relaciones superficiales para evitar enfrentarte a tus propios pensamientos y emociones. Esta evitación del autoconocimiento puede impedir tu crecimiento personal y tu capacidad para construir relaciones significativas basadas en la autenticidad y la conexión genuina.

cuando el miedo a la soledad toma las decisiones por ti, puede limitar tu capacidad para vivir una vida auténtica y satisfactoria. Reconocer y confrontar este miedo es el primer paso para superarlo y tomar el control de tu vida.

A través del autoconocimiento, el establecimiento de límites saludables y el desarrollo de una autoestima sólida, puedes liberarte del miedo a la soledad y construir relaciones significativas y satisfactorias contigo mismo y con los demás.

Victoria Eugenia Correa

Solo conmigo mismo

La influencia social y el miedo al qué dirán son fenómenos psicológicos que pueden afectar significativamente nuestras decisiones y comportamientos. Este miedo puede surgir del deseo de ser aceptado y valorado por los demás, así como del temor a ser juzgado, rechazado o ridiculizado por nuestras acciones o decisiones. A continuación, exploraremos cómo la influencia social y el miedo al qué dirán pueden influir en nuestras vidas y cómo podemos mitigar su impacto.

Presión social: La influencia social puede ejercer una presión significativa sobre nosotros para conformarnos a las expectativas y normas sociales. Esto puede manifestarse en situaciones en las que nos sentimos obligados a seguir las decisiones o comportamientos de los demás, incluso si no están alineados con nuestros propios valores o deseos. El miedo al qué dirán puede intensificar esta presión, haciéndonos temer el juicio o la desaprobación de los demás si nos desviamos de la norma.

Conformidad: El miedo al qué dirán puede llevarnos a conformarnos con las expectativas sociales y a evitar destacar o ser diferentes. Esto puede resultar en la supresión de nuestra individualidad y la adopción de comportamientos o creencias que no reflejan verdaderamente quienes somos. La conformidad puede impedirnos expresar nuestra autenticidad y limitar nuestro crecimiento personal y creatividad.

Autoimagen y autoestima: El miedo al qué dirán puede afectar nuestra autoimagen y autoestima, haciéndonos sentir inseguros o avergonzados de ser nosotros mismos. Podemos preocuparnos constantemente por cómo nos perciben los demás y temer ser rechazados o ridiculizados si actuamos de manera auténtica. Esto puede generar ansiedad social y afectar negativamente nuestra salud mental y bienestar emocional.

Decisiones basadas en el exterior: Cuando el miedo al qué dirán domina nuestras decisiones, es probable que prioricemos la opinión de los demás sobre nuestras propias necesidades y deseos. Esto puede llevarnos a tomar decisiones que no son genuinas o auténticas, sino que están motivadas por el deseo de complacer a los demás o evitar el juicio negativo. Como resultado, podemos sentirnos insatisfechos o vacíos, incluso cuando seguimos las expectativas sociales.

Riesgo de arrepentimiento: El miedo al qué dirán puede impedirnos tomar riesgos o perseguir nuestras metas y sueños por temor a la crítica o el rechazo. Esto puede limitar nuestro crecimiento personal y profesional y evitar que alcancemos nuestro verdadero potencial. El temor al arrepentimiento por no haber seguido nuestros propios deseos puede ser una carga emocional importante a lo largo de la vida.

Victoria Eugenia Correa

Solo conmigo mismo

El miedo al qué dirán puede ejercer una influencia poderosa en nuestras vidas, afectando nuestras decisiones, relaciones y bienestar emocional. Reconocer y enfrentar este miedo es esencial para vivir una vida auténtica y satisfactoria.

A través del autoconocimiento, la autoaceptación y el establecimiento de límites saludables, podemos liberarnos del temor al juicio de los demás y vivir de acuerdo con nuestros propios valores y deseos.

Y que pasa cuando hay otro factor importante que influye en nuestras vidas como el miedo al compromiso es un fenómeno psicológico que también puede afectar nuestras relaciones personales, laborales y emocionales. Surge del temor a establecer vínculos profundos y duraderos con otras personas o situaciones, y puede manifestarse de diversas formas en nuestra vida cotidiana. A continuación, exploraremos este tema con mayor profundidad y analizaremos cómo el miedo al compromiso puede influir en nuestras decisiones y comportamientos.

Orígenes del miedo al compromiso: El miedo al compromiso puede tener raíces en experiencias pasadas, como relaciones fallidas o traumas emocionales, que nos han llevado a desarrollar una aversión al compromiso. También puede estar relacionado con creencias limitantes sobre el amor, la intimidad o el compromiso, que nos impiden abrirnos completamente a otras personas.

Síntomas del miedo al compromiso: El miedo al compromiso puede manifestarse de diferentes maneras, como evitar relaciones serias o duraderas, sentir ansiedad o incomodidad al hablar sobre el futuro, o experimentar una sensación de claustrofobia emocional cuando nos sentimos atrapados en una relación. Estos síntomas pueden dificultar la formación de vínculos emocionales profundos y satisfactorios.

Victoria Eugenia Correa

Solo conmigo mismo

Impacto en las relaciones: El miedo al compromiso puede sabotear nuestras relaciones, impidiéndonos establecer conexiones íntimas y significativas con los demás. Puede llevarnos a mantenernos emocionalmente distantes o a buscar constantemente la escapatoria cuando las cosas se vuelven demasiado cercanas o serias. Esto puede generar conflictos y tensiones en nuestras relaciones y dificultar la construcción de la confianza y la intimidad.

Auto sabotaje: El miedo al compromiso puede llevarnos a auto sabotearnos en nuestras relaciones al boicotear consciente o inconscientemente cualquier posibilidad de compromiso. Podemos encontrar excusas para evitar compromisos serios, como el matrimonio o la convivencia, o sabotear activamente la relación cuando comienza a volverse demasiado seria o comprometida. Este patrón de comportamiento puede ser perjudicial para nuestra felicidad y bienestar emocional a largo plazo.

Superando el miedo al compromiso: Reconocer y abordar el miedo al compromiso es el primer paso para superarlo. Esto puede implicar trabajar con un terapeuta para explorar y comprender las causas subyacentes de nuestro miedo, así como desarrollar estrategias para enfrentarlo de manera efectiva. También puede ser útil practicar la autoaceptación y la compasión hacia uno mismo, y aprender a establecer límites saludables en nuestras relaciones.

el miedo al compromiso puede ser un obstáculo significativo en nuestras vidas, impidiéndonos disfrutar de relaciones profundas y satisfactorias. Sin embargo, al reconocer y abordar este miedo, podemos liberarnos de sus limitaciones y abrirnos a nuevas oportunidades de amor, conexión y crecimiento personal.

Solo conmigo mismo

El miedo a la soledad es una experiencia común en la vida de muchas personas. A menudo, asociamos la soledad con el aislamiento y la falta de conexión, lo que puede generar ansiedad y angustia. Sin embargo, la soledad puede ser una oportunidad para el autodescubrimiento, el crecimiento personal y la conexión más profunda con uno mismo. En este capítulo, exploraremos diversas estrategias para liberarnos del miedo a la soledad y aprender a disfrutar de nuestra propia compañía.

Reconocer y aceptar el miedo: El primer paso para superar el miedo a la soledad es reconocer su presencia y aceptarlo como una emoción válida. Es importante comprender que el miedo es una respuesta natural ante lo desconocido y que todos experimentamos este sentimiento en algún momento de nuestras vidas. Al reconocer y aceptar nuestro miedo, podemos comenzar a trabajar en superarlo.

Explorar la causa del miedo: El miedo a la soledad puede tener raíces profundas en nuestras experiencias pasadas y creencias subyacentes. Es importante explorar la causa subyacente de nuestro miedo y examinar cómo ha sido influenciado por nuestras experiencias de vida y las expectativas sociales. Al comprender la causa de nuestro miedo, podemos abordarlo de manera más efectiva y trabajar en superarlo.

Cultivar la autoaceptación: Aprender a disfrutar de nuestra propia compañía comienza con la autoaceptación. Es importante aprender a amarnos y valorarnos a nosotros mismos tal como somos, sin necesidad de la validación externa.

Al cultivar la autoaceptación, podemos construir una relación más amorosa y compasiva con nosotros mismos, lo que nos ayuda a sentirnos más cómodos estando solos.

Practicar el autocuidado: El autocuidado es fundamental para superar el miedo a la soledad y disfrutar de nuestra propia compañía. Esto incluye cuidar nuestra salud física, emocional y mental, y dedicar tiempo a actividades que nos nutran y nos hagan sentir bien.

El autocuidado puede tomar muchas formas, como hacer ejercicio, practicar la meditación, disfrutar de hobbies creativos o simplemente descansar y relajarse.

Cultivar relaciones significativas: Aunque la soledad puede ser una experiencia enriquecedora, también es importante cultivar relaciones significativas con los demás.

Victoria Eugenia Correa

Solo conmigo mismo

Estas relaciones pueden proporcionarnos apoyo emocional, conexión social y un sentido de pertenencia.

Al construir y mantener relaciones saludables, podemos equilibrar nuestra necesidad de conexión con nuestra capacidad para disfrutar de la soledad.

El miedo a la soledad es una experiencia común que puede afectar nuestra calidad de vida y bienestar emocional.

Sin embargo, al reconocer y aceptar nuestro miedo, explorar sus causas subyacentes y cultivar la autoaceptación y el autocuidado, podemos aprender a disfrutar de nuestra propia compañía y liberarnos del miedo a la soledad.

Victoria Eugenia Correa

Capítulo 7: Creando espacios de crecimiento personal

Es importante crear espacios de crecimiento personal durante nuestros momentos de soledad. Estos espacios nos ofrecen la oportunidad de dedicar tiempo y energía a nuestro desarrollo personal y espiritual, permitiéndonos explorar nuevas actividades, prácticas y pasiones que nos ayudarán a crecer y evolucionar como individuos.

Otorgar espacios de crecimiento personal implica dedicar tiempo y energía a actividades y prácticas que fomenten el autodescubrimiento, la reflexión y el desarrollo personal. Aquí te dejo algunas formas de hacerlo:

Tiempo a solas: Establece momentos regulares en tu rutina diaria para estar a solas contigo mismo. Esto puede incluir tiempo para la meditación, la reflexión o simplemente para relajarte y desconectar del mundo exterior.

Prácticas de autoconciencia: Dedica tiempo a actividades que fomenten la autoconciencia, como la meditación, el mindfulness, el yoga o la escritura en un diario. Estas prácticas te ayudarán a conectarte contigo mismo, a identificar tus pensamientos y emociones, y a comprender mejor quién eres realmente.

Aprendizaje continuo: Dedica tiempo a aprender nuevas cosas y a desarrollar tus habilidades. Esto puede incluir la lectura de libros inspiradores, la asistencia a seminarios o talleres de desarrollo personal, o la búsqueda de cursos en línea sobre temas que te interesen.

Conexión con la naturaleza: Pasar tiempo al aire libre y conectarse con la naturaleza puede ser una forma poderosa de otorgar espacio para el crecimiento personal. Disfruta de paseos por el bosque, la playa o el campo, y permítete conectar con la belleza y la serenidad del entorno natural.
Al otorgar espacios de crecimiento personal en tu vida, te estás dando la oportunidad de explorar, aprender y crecer como individuo, lo que te permitirá vivir una vida más plena, auténtica y significativa.

Victoria Eugenia Correa

Solo conmigo mismo

Desarrollar al máximo nuestro potencial implica explorar nuestras capacidades, talentos y fortalezas para alcanzar nuestro mayor nivel de realización personal y profesional. Aquí hay algunas formas de hacerlo:

Autoconocimiento: Comienza por entender quién eres realmente. Reflexiona sobre tus valores, intereses, habilidades y pasiones. Conocerte a ti mismo te ayudará a identificar áreas en las que puedas destacar y trabajar en ellas.

Establece metas claras: Define metas específicas y alcanzables que te inspiren a crecer y mejorar. Establece tanto metas a corto plazo como a largo plazo y elabora un plan para alcanzarlas paso a paso.

Desarrollo de habilidades: Identifica las habilidades que necesitas para alcanzar tus metas y trabaja en desarrollarlas. Esto puede incluir habilidades técnicas relacionadas con tu carrera, así como habilidades blandas como la comunicación, el liderazgo y la resolución de problemas.

Aprende continuamente: El aprendizaje nunca termina. Busca oportunidades de aprendizaje en todas partes, ya sea a través de la educación formal, la capacitación en el trabajo, la lectura de libros, la participación en seminarios o la conexión con mentores y expertos en tu campo.

Sal de tu zona de confort: El crecimiento ocurre fuera de tu zona de confort. Desafíate a ti mismo a probar cosas nuevas, asumir riesgos calculados y enfrentarte a tus miedos. Esto te ayudará a expandir tus límites y descubrir tu verdadero potencial.

Mantén una mentalidad positiva: Cree en ti mismo y en tu capacidad para alcanzar tus metas. Mantén una actitud positiva incluso frente a los desafíos y los contratiempos. La resiliencia y la perseverancia son clave para superar los obstáculos en el camino hacia el éxito.

Busca apoyo y orientación: No tengas miedo de pedir ayuda cuando la necesites. Busca el consejo de mentores, amigos, familiares o colegas que puedan brindarte apoyo, orientación y retroalimentación constructiva en tu viaje hacia el desarrollo personal y profesional.

Victoria Eugenia Correa

Solo conmigo mismo

Al desarrollar al máximo nuestro potencial, podemos vivir vidas más significativas, satisfactorias y alineadas con nuestros valores y pasiones más profundos. Es un viaje continuo de autodescubrimiento y crecimiento que vale la pena emprender.

En la era digital, donde la conectividad virtual parece omnipresente, enfrentar la soledad puede parecer paradójico. Sin embargo, la tecnología también ofrece herramientas y recursos valiosos para ayudar a las personas a superar la soledad y conectarse con otros de manera significativa. Una forma efectiva de hacerlo es a través de los grupos de apoyo en línea. Aquí hay algunas estrategias para aprovechar al máximo estos recursos:

Identificar grupos de apoyo relevantes: En la web existen numerosos grupos de apoyo en línea que abordan una amplia gama de temas, desde la salud mental hasta los intereses compartidos, pasando por la superación de adversidades específicas. Es importante identificar los grupos que sean relevantes para tus necesidades y objetivos personales.

Participar activamente: Una vez que hayas encontrado grupos de apoyo en línea adecuados, no dudes en participar activamente en ellos. Comparte tus experiencias, preocupaciones y triunfos con la comunidad, y ofrece apoyo y aliento a otros miembros que puedan necesitarlo.

La interacción regular con otros en un entorno de apoyo puede ayudar a combatir la sensación de aislamiento y soledad.

Establecer conexiones significativas: Busca oportunidades para establecer conexiones más profundas con otros miembros del grupo. Esto puede implicar entablar conversaciones privadas, participar en eventos virtuales de networking o incluso organizar reuniones en persona si es factible y seguro hacerlo. La calidad de las conexiones que establezcas en línea puede tener un impacto significativo en tu bienestar emocional.

Explorar recursos adicionales: Además de los grupos de apoyo en línea, considera explorar otros recursos digitales que puedan ayudarte a combatir la soledad y fortalecer tu bienestar emocional. Esto podría incluir aplicaciones de meditación y mindfulness, plataformas de educación en línea para desarrollar nuevas habilidades e intereses, o comunidades virtuales centradas en actividades recreativas o culturales compartidas.

Buscar ayuda profesional si es necesario: Si experimentas sentimientos persistentes de soledad o malestar emocional, considera buscar ayuda profesional. Los terapeutas y consejeros en línea pueden brindarte el apoyo y la orientación que necesitas para abordar tus preocupaciones y trabajar hacia una mayor salud mental y bienestar emocional.

Victoria Eugenia Correa

Solo conmigo mismo

enfrentar la soledad en la era digital puede ser un desafío, pero también ofrece oportunidades únicas para conectarse con otros y encontrar apoyo en línea.

Al participar activamente en grupos de apoyo en línea y explorar otros recursos digitales disponibles, puedes fortalecer tus relaciones sociales, cultivar conexiones significativas y mejorar tu bienestar emocional en general.

La historia del crecimiento personal es un viaje fascinante que se remonta a miles de años atrás y está profundamente arraigada en la experiencia humana. A lo largo de la historia, las culturas de todo el mundo han valorado el desarrollo personal y espiritual como un aspecto fundamental de la vida humana. Desde tiempos inmemoriales, los seres humanos han buscado comprenderse a sí mismos, superar desafíos y alcanzar su máximo potencial. Como escritora puedo explorar este tema desde varias perspectivas.Aquí hay un vistazo a algunos hitos importantes en la historia del crecimiento personal:

En las civilizaciones antiguas de Grecia, India, China y Egipto, los filósofos y pensadores reflexionaban sobre preguntas fundamentales sobre la vida, la moral, la felicidad y el propósito. Figuras como Sócrates, Platón, Confucio y Buda exploraron conceptos relacionados con el autoconocimiento, la virtud y el bienestar emocional.

Las religiones y tradiciones espirituales de todo el mundo han promovido el crecimiento personal como parte integral de la práctica espiritual.

Desde el budismo y el hinduismo hasta el cristianismo y el islam, las enseñanzas espirituales han abordado temas como el perdón, la compasión, la humildad y la autoaceptación como componentes esenciales del desarrollo personal.

Victoria Eugenia Correa

Solo conmigo mismo

A lo largo de la historia, han surgido varios movimientos filosóficos y espirituales que han enfatizado la importancia del crecimiento personal y la autorrealización. Por ejemplo, el Renacimiento en Europa y el movimiento de la Nueva Era en el siglo XX promovieron ideas como el humanismo, el individualismo y la exploración de la conciencia.

En el siglo XX, el surgimiento de la psicología como disciplina científica dio lugar a enfoques más sistemáticos para comprender la mente humana y promover el crecimiento personal. Figuras como Sigmund Freud, Carl Jung, Abraham Maslow y Carl Rogers contribuyeron con ideas revolucionarias sobre el autoconocimiento, la autoaceptación y el desarrollo personal.

En las décadas de 1960 y 1970, surgieron movimientos como la psicología humanista, el crecimiento personal y el movimiento del potencial humano, que enfatizaban el empoderamiento personal, la autorrealización y el desarrollo del potencial humano. Figuras como Abraham Maslow, Carl Rogers y Fritz Perls fueron pioneros en este enfoque.

En primer lugar, es importante reconocer que el crecimiento personal es un proceso continuo y multifacético. A lo largo de la historia, hemos visto diferentes filosofías, religiones y sistemas de pensamiento que han abordado este proceso de diversas maneras. Desde las enseñanzas de filósofos antiguos como Sócrates y Confucio hasta las prácticas contemporáneas de la psicología positiva y el mindfulness, hay una rica tradición de reflexión y acción en torno al crecimiento personal.

Una de las influencias más significativas en la historia del crecimiento personal ha sido el desarrollo de la psicología como disciplina. A medida que la psicología evolucionó como ciencia a lo largo del siglo XIX y XX, surgieron teorías y enfoques que arrojaron luz sobre la naturaleza humana y el potencial de cambio.

Desde el psicoanálisis de Freud hasta la psicología humanista de Maslow y Rogers, cada enfoque ha contribuido a nuestra comprensión del crecimiento personal.

Victoria Eugenia Correa

Además, el contexto cultural y social ha tenido un impacto significativo en cómo concebimos el crecimiento personal. Por ejemplo, en sociedades donde prevalece el individualismo, puede enfatizarse la autonomía y el logro personal. Mientras tanto, en culturas más colectivistas, el crecimiento personal puede estar vinculado con el bienestar comunitario y la armonía interpersonal.

El crecimiento personal también ha sido moldeado por eventos históricos y movimientos sociales. Por ejemplo, en períodos de cambio social y político, como la Revolución Industrial o los movimientos de derechos civiles, las personas han buscado formas de adaptarse y crecer en medio de la adversidad. Estos momentos críticos han inspirado nuevas formas de pensamiento y acción en torno al crecimiento personal y la resiliencia.

En la actualidad, el crecimiento personal sigue siendo una parte importante de la vida de muchas personas en todo el mundo. El acceso a recursos como libros, seminarios, terapias y herramientas en línea ha ampliado las oportunidades para el desarrollo personal. Conceptos como la inteligencia emocional, la resiliencia y la autenticidad son cada vez más valorados en la sociedad actual.

La historia del crecimiento personal es un viaje largo y diverso que abarca culturas, tradiciones y disciplinas a lo largo del tiempo.

Desde las antiguas filosofías hasta los movimientos contemporáneos, el impulso hacia el autoconocimiento, la autorrealización y la plenitud humana ha sido una constante en la búsqueda de significado y propósito en la vida.

En síntesis, la historia del crecimiento personal es una historia de búsqueda, descubrimiento y transformación. A través de diferentes épocas y culturas, los seres humanos han buscado comprenderse a sí mismos y alcanzar su máximo potencial. Ya sea a través de la filosofía, la psicología, la espiritualidad o la experiencia personal, el viaje del crecimiento personal es una parte intrínseca de la experiencia humana.

Victoria Eugenia Correa

Solo conmigo mismo

Uno de los psicólogos más influyentes en el ámbito del crecimiento personal fue Abraham Maslow. Maslow desarrolló la teoría de la jerarquía de necesidades, que establece que las personas tienen una serie de necesidades que deben satisfacer en un orden jerárquico para alcanzar su máximo potencial.

En la cima de esta jerarquía se encuentra la autorrealización, que representa la realización personal, el desarrollo del potencial individual y el crecimiento personal.

Maslow creía que los individuos tienen un impulso innato hacia la autorrealización y que buscarán alcanzar su máximo potencial a lo largo de sus vidas.

Creía que la autorrealización implicaba la búsqueda de la verdad, la bondad, la belleza y la realización personal. Además, Maslow enfatizó la importancia de la autoexploración, el autoconocimiento y el desarrollo personal como parte del proceso de autorrealización.

A través de su trabajo, Maslow contribuyó significativamente a la comprensión de la motivación humana y el crecimiento personal, promoviendo la idea de que las personas tienen la capacidad de alcanzar niveles más altos de funcionamiento y satisfacción en sus vidas mediante el autodescubrimiento y el desarrollo personal.

Los principios básicos del crecimiento personal son fundamentos que guían el proceso de desarrollo y auto-mejora de una persona. Aquí hay tres principios clave:

Autoconocimiento: El primer paso hacia el crecimiento personal es tener una comprensión profunda de uno mismo. Esto implica explorar y entender tus pensamientos, emociones, creencias, valores, fortalezas y áreas de mejora. El autoconocimiento te permite identificar tus objetivos, deseos y necesidades, así como los obstáculos internos que pueden estar impidiendo tu progreso. A través del autoconocimiento, puedes tomar decisiones más informadas y alineadas con tus valores y aspiraciones.

Responsabilidad personal: El crecimiento personal implica asumir la responsabilidad de tu propia vida y tus acciones. Significa reconocer que tienes el poder y la capacidad de influir en tu destino y tomar decisiones que te acerquen a tus metas y deseos.

Esto implica dejar de culpar a los demás o a las circunstancias externas por tus problemas y buscar soluciones proactivas para superar los desafíos. La responsabilidad personal te empodera para tomar el control de tu vida y crear el cambio que deseas ver en ti mismo.

Victoria Eugenia Correa

Solo conmigo mismo

Crecimiento continuo: El crecimiento personal es un proceso continuo y dinámico que nunca termina. Implica estar abierto a aprender, crecer y evolucionar a lo largo de la vida.

Esto significa estar dispuesto a salir de tu zona de confort, enfrentar tus miedos y desafiar tus limitaciones para alcanzar tu máximo potencial. El crecimiento personal también implica mantener una mentalidad de crecimiento, donde ves los desafíos como oportunidades para aprender y mejorar en lugar de obstáculos insuperables.

Al comprometerte con un viaje de crecimiento continuo, puedes experimentar una vida más significativa, satisfactoria y plena

Victoria Eugenia Correa

Capítulo 8:
Viviendo en el presente

En este capítulo, exploraremos la importancia de vivir en el momento presente y cómo podemos cultivar esta habilidad para mejorar nuestra calidad de vida.

El presente es el único momento real que estamos viviendo, y aprender a apreciarlo puede tener un impacto significativo en nuestra felicidad y bienestar.

¿Qué significa vivir el presente?

Vivir el presente implica estar completamente enfocado en el aquí y ahora, sin preocuparnos excesivamente por el pasado o el futuro.

A continuación, resumiré algunos aspectos clave:

El pasado y el futuro: El pasado nos da identidad y experiencias, pero no debemos cargarlo como una losa todo el día. Somos lo que estamos haciendo ahora para mejorar lo que fuimos.

El pasado son solo recuerdos, y el futuro son escenarios hipotéticos que aún no han llegado. Nuestras acciones y pensamientos actuales nos definen.
Aceptación del momento presente: Implica afrontar la realidad desde una mentalidad constructiva.

No somos prisioneros de nuestro pasado ni estamos condenados a arrastrarlo.

Tampoco debemos preocuparnos excesivamente por obstáculos futuros. Aceptar el presente nos libera de pensamientos negativos.

El control del presente: El pasado y el futuro no están bajo nuestro control.

Sin embargo, el presente sí lo está. Al enfocarnos en el ahora, liberamos nuestra mente de preocupaciones pasadas o futuras.

Victoria Eugenia Correa

Solo conmigo mismo

Menos preocupaciones, más acción: En una sociedad donde nos atormentamos con cosas que no son tan importantes, vivir el presente se vuelve imperativo.

Enfrentemos los aspectos incómodos de la realidad y seamos más adaptativos, plenos y felices.

Te habrás preguntado cómo hacer para vivir en el presente, Si bien es cierto que, vivir en el presente es un desafío que muchos enfrentamos en un mundo lleno de distracciones, preocupaciones y expectativas.
Sin embargo, existen varias prácticas y enfoques que pueden ayudarte a cultivar una mayor conciencia del momento presente:

Aquí hay algunas recomendaciones prácticas:

El practicar la meditación en como estamos creados nos ayuda a estar en el momento presente y a dejar de lado pensamientos negativos y preocupaciones.

Dedica unos minutos cada día a la meditación o la atención plena. Siéntate en silencio, presta atención a tu respiración y observa tus pensamientos sin juzgarlos. Esto te ayudará a estar más presente en el momento actual.

La conexión con la naturaleza: Salir al aire libre y conectar con la naturaleza nos ayuda a estar presentes y apreciar el entorno. Detallar concienzudamente cada sonido, el sonido del viento cuando mueve las hojas de los arboles, el cantar de los pájaros, sentir como la brisa nos mueve el cabello y roza nuestra cara, meditar en cuan bella y sabia es la naturaleza.

Meditar en la creación, la ubicación de la Tierra en la galaxia Vía Láctea y en el sistema solar, así como su órbita, inclinación, velocidad de rotación y su singular luna saber que todo es preciso y que nada se mueve por azar y que lógicamente tiene que ser obra de una mente maravillosa.

Y ni hablar del campo magnético y la atmósfera que forman un doble escudo protector, los ciclos naturales que reabastecen y purifican las reservas de aire y agua.Y que decir de la inclinación y rotación de la tierra son perfectas apropiado también es la duración del día y la noche el resultado de la velocidad de la rotación de la Tierra en torno a su eje de lo contrario los días serían mucho más largos.

Si analizamos podemos preguntarnos si estas características son producto de un diseño ciego sin sentido o de alguien que tuvo y tiene propósito y pensó en cada detalle.

Victoria Eugenia Correa

Solo conmigo mismo

Eliminar distracciones: Reduzcamos el ruido mental al minimizar las distracciones y centrarnos en lo que estamos haciendo.

Practicar la gratitud: Agradezcamos por lo que tenemos en este momento, en lugar de anhelar lo que no tenemos.
Ejercicio físico: El movimiento consciente nos conecta con nuestro cuerpo y el presente.

Disfrutar de las pequeñas cosas: Aprecia los momentos cotidianos, como una taza de café caliente o una sonrisa amistosa.

Escuchar: Presta atención a las personas y al entorno. Escuchar activamente nos ancla en el presente.

Sé amable contigo mismo: Acepta tus emociones y experiencias sin juzgarte.

Desconexión digital: Establece momentos sin dispositivos electrónicos. Apaga el teléfono o ponlo en modo avión durante ciertos momentos del día para evitar distracciones y estar más consciente de lo que te rodea.

Saborea tus comidas: En lugar de comer apresuradamente, tómate el tiempo para disfrutar de cada bocado.

Observa los colores, sabores y texturas de los alimentos. Esto no solo te conectará con el presente, sino que también mejorará tu relación con la comida.

Paseos conscientes: Cuando camines, presta atención a tus pasos, la sensación del suelo bajo tus pies y los sonidos a tu alrededor. Observa los detalles en el entorno, como las hojas de los árboles o los edificios.

Escucha activa: Cuando hables con alguien, escucha de verdad.

No pienses en lo que dirás a continuación mientras la otra persona habla. Concéntrate en sus palabras y en su lenguaje corporal.

Victoria Eugenia Correa

Solo conmigo mismo

Intenta enfocarte completamente en las tareas que realizas diariamente, ya sea cocinar, caminar, conversar con alguien o simplemente lavarte los dientes. Conéctate con tus sentidos y experimenta plenamente cada momento.

Aprende a aceptar las circunstancias tal como son en este momento y suelta la necesidad de controlar todo. Practicar la aceptación te permite liberarte del estrés y la ansiedad relacionados con el pasado y el futuro, y te ayuda a estar más presente en el momento actual

Identifica las distracciones que te alejan del momento presente, como el uso excesivo de dispositivos electrónicos, y trata de limitarlas. Establece momentos específicos del día para revisar tus correos electrónicos, redes sociales y otras actividades digitales, y dedica el resto del tiempo a estar presente en tus experiencias offline..

Cultiva una actitud de gratitud hacia las cosas simples de la vida. Toma el tiempo para reconocer y apreciar las pequeñas alegrías y bendiciones que te rodean en el presente.

Realiza ejercicios específicos de atención plena, como escuchar atentamente a los demás sin interrumpir, o llevar a cabo actividades cotidianas de manera consciente, como comer o conducir.

Encuentra formas de conectarte con el momento presente a través del arte, la música, la naturaleza o cualquier actividad que te traiga alegría y te haga sentir más vivo y presente.

Solo conmigo mismo

Agradece: Antes de dormir o al despertar, reflexiona sobre tres cosas por las que estás agradecido en ese momento. Esto te ayudará a apreciar lo que tienes en lugar de preocuparte por lo que falta.

Respiración consciente: En momentos de estrés o ansiedad, toma unas respiraciones profundas y conscientes. Siente el aire entrando y saliendo de tus pulmones. Esto te anclará al presente y te calmará.

Observa tus pensamientos: Cuando te sientas atrapado en preocupaciones sobre el pasado o el futuro, observa esos pensamientos sin identificarte con ellos. Son solo pensamientos, no la realidad absoluta.

Recuerda que vivir en el presente es un proceso gradual. No te presiones demasiado; simplemente inténtalo cada día.

Con el tiempo, notarás cómo esta práctica transforma tu experiencia y te ayuda a encontrar más paz y satisfacción en el momento actual.

Si bien es cierto y comprensible que desees encontrar una pareja, pero vivir en el pasado y el futuro puede afectar tus posibilidades. Aquí hay algunas reflexiones y consejos para manejar esta situación:

La búsqueda de pareja puede ser frustrante, pero obsesionarte con el pasado o preocuparte por el futuro no te ayudará.

Concéntrate en el aquí y ahora. ¿Qué puedes hacer hoy para mejorar tus posibilidades de encontrar a alguien especial?

En lugar de vivir en él, utiliza tu pasado como aprendizaje. Reflexiona sobre tus relaciones anteriores. ¿Qué funcionó? ¿Qué no funcionó? ¿Qué puedes mejorar? Esto te ayudará a tomar decisiones más sabias en el presente.

Sé realista, no idealices el pasado ni te preocupes demasiado por el futuro. Las expectativas poco realistas pueden sabotear tus esfuerzos. Acepta que las relaciones requieren tiempo y esfuerzo.

Trabaja en ti mismo, en lugar de desesperarte, dedica tiempo a crecer como persona. Desarrolla tus habilidades sociales, intereses y autoestima. Cuanto más te valores a ti mismo, más atractivo serás para los demás.

Victoria Eugenia Correa

Solo conmigo mismo

Si tienes miedos o inseguridades, compártelos con alguien de confianza o considera la posibilidad de hablar con un terapeuta. A veces, liberar tus pensamientos puede aliviar la presión.

No te compares, cada persona tiene su propio ritmo y circunstancias. No te compares con los demás ni te sientas presionado por la sociedad. Tu camino es único.

Disfruta del proceso, en lugar de desesperarte, disfruta de conocer gente nueva. Cada encuentro es una oportunidad para aprender y crecer.

Recuerda que el amor llega cuando menos lo esperas. Mantén una mente abierta, cultiva tus relaciones actuales y confía en que el futuro traerá oportunidades.

Pero ¿qué sucede cuando todo el tiempo estamos en el pasado?

Vivir constantemente en el pasado o el futuro puede tener un impacto significativo en nuestra vida.

Aquí te presento algunas consecuencias de no vivir en el presente:

Perder el momento actual: Al enfocarnos demasiado en el pasado o preocuparnos excesivamente por el futuro, dejamos de apreciar lo que está sucediendo ahora mismo. Perdemos la oportunidad de disfrutar las pequeñas cosas y de conectarnos plenamente con nuestra experiencia presente.

Vivir en el futuro puede generar ansiedad. Nos preocupamos por lo que podría suceder y nos anticipamos a situaciones negativas.

Esto puede afectar nuestra salud mental y emocional.

Si nos aferramos al pasado, podemos sentir arrepentimiento por decisiones pasadas. El constante "¿qué hubiera pasado si...?" puede ser agotador y no nos permite avanzar.

Si no estamos presentes en nuestras relaciones, perdemos la oportunidad de conectar verdaderamente con los demás. La falta de atención plena puede afectar nuestras conexiones familiares, amistades y relaciones románticas.

Vivir en el pasado puede limitar nuestra creatividad y capacidad para resolver problemas. El enfoque constante en lo que ya ocurrió nos impide pensar de manera innovadora.

Solo conmigo mismo

No aprender de experiencias: Si no reflexionamos sobre el pasado de manera constructiva, perdemos la oportunidad de aprender y crecer. Las lecciones del pasado nos ayudan a tomar decisiones más sabias en el presente.

No aprender de experiencias: Si no reflexionamos sobre el pasado de manera constructiva, perdemos la oportunidad de aprender y crecer. Las lecciones del pasado nos ayudan a tomar decisiones más sabias en el presente.

Desconexión con uno mismo: No estar presente en el momento actual nos aleja de nuestra propia esencia. Perdemos la oportunidad de conocernos a nosotros mismos y de cultivar una relación positiva con nuestra mente y cuerpo.

En resumen, vivir en el presente nos permite experimentar la vida de manera más plena, consciente y significativa. Es un regalo que debemos aprender a valorar y aprovechar

Capítulo 9: Cultivando relaciones saludables

Las relaciones son como un campo fértil que requiere cuidado, atención y siembra constante. En este capítulo, exploraremos cómo cultivar relaciones saludables que nos enriquezcan y nos acerquen a los demás.

¿Por qué son importantes las relaciones?

Dios valora las relaciones. La Biblia nos enseña que debemos amar a nuestro prójimo como a nosotros mismos.

Las relaciones nos permiten compartir alegrías, apoyarnos mutuamente y crecer juntos en la fe. En Gálatas 6:7–10, se nos recuerda que cosechamos lo que sembramos. Si invertimos amor, cuidado y compasión en nuestras relaciones, cosecharemos frutos saludables.

Victoria Eugenia Correa

Estos son algunos principios para cultivar relaciones saludables, por ejemplo la inversión constante: Así como un agricultor trabaja la tierra, debemos invertir tiempo y atención en nuestras relaciones. Llama a tus seres queridos, muestra interés genuino y demuestra que te importan.

Todos cometemos errores. por eso es importante que practiques dar las gracias y pedir perdón. No esperes perfección en los demás; en cambio, busca la reconciliación y la restauración.

Expresar gratitud nos ayuda a enfocarnos en lo positivo en nuestras vidas, incluso en momentos difíciles. Nos recuerda las bendiciones que tenemos y promueve una actitud más positiva.

Cuando expresamos gratitud hacia los demás, reconocemos su contribución y valoramos su presencia en nuestras vidas. Esto fortalece los vínculos emocionales y fomenta una conexión más profunda.

La práctica regular de la gratitud está asociada con una mayor satisfacción con la vida, niveles más bajos de estrés y una mayor resiliencia emocional. Nos ayuda a mantener una perspectiva más equilibrada y optimista.

Cuando estamos agradecidos por lo que tenemos, estamos más inclinados a ser generosos con los demás. Esta generosidad crea un ciclo positivo de bondad y reciprocidad en nuestras relaciones.

Victoria Eugenia Correa

Solo conmigo mismo

Pedir perdón implica reconocer nuestras acciones y asumir la responsabilidad por cualquier daño que hayamos causado. Esto demuestra madurez emocional y nos ayuda a crecer y aprender de nuestros errores.

Pedir perdón es un paso crucial en la reparación de relaciones fracturadas. Al expresar arrepentimiento genuino, abrimos la puerta a la reconciliación y al perdón por parte de la otra persona.

El arrepentimiento sincero nos libera del peso emocional de la culpa y el remordimiento. Nos permite dejar atrás el pasado y seguir adelante con un corazón más ligero y una conciencia más clara.

Reconocer nuestros errores y pedir perdón nos ayuda a crecer y evolucionar como individuos. Nos hace más conscientes de nuestras acciones y nos motiva a ser más considerados y compasivos en el futuro.

tanto dar gracias como pedir perdón son actos de humildad y valentía que pueden enriquecer nuestras vidas y relaciones. Nos ayudan a cultivar la gratitud, fortalecer los vínculos emocionales, liberarnos del pasado y fomentar un mayor crecimiento personal.

A veces, tenemos expectativas poco realistas de los demás. Reconoce que todos somos imperfectos y aprende a apreciar las virtudes de quienes te rodean.

Evalúa tus relaciones: Reflexiona sobre las relaciones clave en tu vida. ¿Cuáles necesitan más atención? ¿A quiénes has descuidado?

 No esperes recibir amor o cuidado si no lo has invertido en otros. Si siembras palabras amables y acciones positivas, cosecharás una relación saludable.

Victoria Eugenia Correa

Solo conmigo mismo

Aquí tienes cinco claves para lograr una conexión auténtica en tus relaciones:

La base de toda relación saludable es una comunicación abierta y sincera. Expresar tus sentimientos, necesidades y preocupaciones de manera clara y respetuosa fomenta la confianza y la comprensión mutua.

En una relación saludable, es esencial establecer límites claros y respetar los límites establecidos por los demás. Comprender y aceptar las necesidades individuales contribuye al respeto mutuo y la autonomía en la relación.

La empatía y la comprensión son pilares fundamentales. Ponerte en el lugar del otro, comprender sus perspectivas y emociones, fortalece los lazos emocionales y nutre una conexión más profunda.

La empatía también ayuda a resolver conflictos de manera constructiva.

Es importante practicar la resolución de conflictos de manera constructiva, los desacuerdos son inevitables en cualquier relación. Abordar estos conflictos de manera constructiva implica escuchar activamente, expresar preocupaciones con respeto y buscar soluciones mutuamente beneficiosas. La resolución de conflictos fortalece la relación

No olvides nutrir la conexión y el apoyo mutuo, para mantener una relación saludable, dedica tiempo y esfuerzo constante.

Muestra interés genuino en la vida y los intereses del otro, celebra logros juntos y brinda apoyo en momentos difíciles.

Esto crea un sentido de pertenencia y fortalece los vínculos, no estamos hablando de una relación de pareja, esto también incluye las relaciones de amistad, relaciones familiares.

Las relaciones personales influyen de manera positiva en nuestra salud mental y física. A lo largo de nuestra vida, tanto el número como la fuerza de nuestras relaciones afectan nuestro bienestar.

Victoria Eugenia Correa

Solo conmigo mismo

Algunos beneficios de mantener buenas relaciones personales incluyen:

Diversos estudios indican que las personas con relaciones personales sólidas tienen tasas más bajas de ansiedad y depresión. Además, presentan mayor autoestima, empatía y cooperación en sus relaciones.

Mantener conexiones sociales ayuda a fortalecer nuestro sistema inmunológico, reduciendo el impacto de ciertas enfermedades y prolongando la esperanza de vida.

Tener buenas amistades contribuye a nuestro bienestar emocional. Además, las conexiones sociales generan un circuito de retroalimentación positiva, mejorando nuestro estado de ánimo y bienestar general.

Por otro lado, la soledad puede afectar negativamente la salud. Las personas solitarias pueden experimentar patrones de sueño interrumpidos, presión arterial elevada y mayores niveles de estrés.

La soledad también se relaciona con comportamientos antisociales, depresión e incluso suicidio. Sin embargo, si permanecemos socialmente conectados y cultivamos buenas amistades, podemos disfrutar de una mejor calidad de vida y reducir los riesgos de demencia o deterioro mental, no basta con llevar un estilo de vida saludable; también necesitamos ser socialmente activos para estar bien y felices. Mantener relaciones sanas y significativas es fundamental para nuestro bienestar

Victoria Eugenia Correa

Solo conmigo mismo

Capítulo 10: Celebrando tu soledad

La soledad no siempre es un enemigo. A veces, es un aliado que nos permite conocernos más profundamente y encontrar paz en nuestra propia compañía.

En este capítulo, exploraremos cómo celebrar la soledad y convertirla en un espacio de crecimiento y autodescubrimiento.

La soledad nos brinda la oportunidad de reflexionar sobre nuestra vida, nuestras elecciones y nuestros sueños.

En silencio, podemos escuchar nuestra voz interior y comprender lo que realmente anhelamos.

Cuando estamos solos, nuestra creatividad florece. Es el momento perfecto para escribir, pintar, tocar un instrumento o explorar nuevas pasiones.

La soledad nos permite conectarnos con nuestra esencia creativa.

Celebrar la soledad implica cuidarnos a nosotros mismos. Disfruta de un baño relajante, lee un buen libro, medita o simplemente observa el atardecer. La soledad es un regalo para nutrirnos.

A veces, la soledad puede ser incómoda. Aprender a aceptarla sin juicio es fundamental. No te sientas mal por disfrutar de momentos a solas.

La soledad no significa aislamiento total. Celebra tu soledad, pero también busca conexiones significativas con personas que te enriquezcan.

Encuentra el equilibrio entre la soledad y la compañía. Ambas son importantes para nuestro bienestar. No te aferres a la soledad como un refugio permanente.

Victoria Eugenia Correa

Solo conmigo mismo

Escribe sobre tus pensamientos y emociones durante momentos de soledad. Esto te ayudará a comprenderte mejor.Sal a caminar solo por un parque o bosque.

 Observa la belleza que te rodea y conecta con la naturaleza.

En lugar de esperar que otros lo hagan, celebra tus logros en soledad. Reconoce tus avances y regocíjate en ellos.

La soledad no es un vacío, sino un espacio lleno de posibilidades. Celebra tu soledad como un tiempo sagrado para crecer, sanar y descubrirte a ti mismo. ¡Es un regalo que mereces!

Victoria Eugenia Correa

Solo conmigo mismo

Capítulo 11:

Conociéndome a fondo

El viaje hacia el autoconocimiento es como explorar un vasto territorio interior. A menudo, nos definimos por nuestras circunstancias externas: nuestro trabajo, estado civil o roles familiares. Pero, ¿quién somos realmente más allá de estas etiquetas?

¿Qué es el Autoconocimiento?

El autoconocimiento implica mirar más allá de las apariencias y descubrir nuestra verdadera esencia. Es un proceso profundo y continuo que nos permite comprender nuestras emociones, pensamientos, valores y motivaciones. Aquí hay algunas claves para explorar este fascinante territorio:

Deja las Etiquetas a un Lado

Las etiquetas son como capas que ocultan nuestra auténtica identidad. ¿Eres solo tu profesión o tu estado civil? No. El autoconocimiento va más allá de estas definiciones superficiales. Pregúntate: ¿qué es lo que más te importa en la vida? ¿Cuáles son tus valores fundamentales?

Reflexiona sobre lo que realmente valoras. ¿Es la libertad, la amistad, la creatividad o la autenticidad? Tus valores guían tus decisiones y acciones. Conócete a través de tus elecciones diarias y observa si están alineadas con lo que consideras importante.

Todos tenemos virtudes y defectos. Aprende a reconocerlos sin juicio. ¿Eres compasivo, valiente, honesto? ¿Tienes áreas de mejora? La autoaceptación es clave. No somos perfectos, pero podemos crecer y evolucionar.

También es importante que observes tus comportamientos
Las acciones hablan más que las palabras. ¿Cómo te comportas cuando estás bajo presión? ¿Cómo reaccionas ante el fracaso o el éxito?

Observa tus patrones y descubre tus verdaderas motivaciones. A veces, lo que hacemos revela más sobre nosotros que lo que decimos.

La intuición y la sabiduría interna son guías poderosas. Silencia el ruido exterior y escucha tu voz interior.

Victoria Eugenia Correa

Solo conmigo mismo

¿Qué te dice? ¿Cuáles son tus deseos más profundos? La meditación y la introspección pueden ayudarte a conectarte con esta fuente interna.

Las relaciones también son espejos. Observa cómo interactúas con los demás. ¿Qué patrones se repiten? ¿Qué te atrae o te repele en las personas?

Las relaciones nos enseñan sobre nosotros mismos.

Recuerda que el autoconocimiento no es un destino, sino un viaje sin fin. Permítete evolucionar y descubrir nuevas capas de tu ser. Lee, aprende, busca mentores y mantén la curiosidad viva.

Conocerte a fondo es un regalo que te haces a ti mismo. Es el cimiento sobre el cual construir relaciones auténticas y una vida significativa. Así que adéntrate en este territorio interior y descubre la maravilla que eres.

Victoria Eugenia Correa

Capítulo 12:
El arte de amarse a uno mismo

En este capítulo, exploraremos el profundo significado de amarnos a nosotros mismos. El amor propio no es egoísmo; más bien, es una inversión fundamental en nuestra felicidad y bienestar. Aprenderemos a tratarnos con cariño, respeto y compasión.

¿Qué es el Amor Propio?

El amor propio es más que un simple concepto. Es una relación profunda y enriquecedora con nosotros mismos. Aquí hay algunos aspectos clave:

1. Aceptación: El amor propio comienza con aceptarnos tal como somos. Reconocemos nuestras virtudes y nuestras imperfecciones sin juicio.

2. Respeto: Nos tratamos con respeto y consideración. Esto implica cuidar de nuestra salud física y mental, establecer límites saludables y honrar nuestras necesidades.

3. Cuidado Personal: El amor propio implica cuidarnos a nivel emocional, físico y espiritual. Nos damos permiso para descansar, nutrirnos y crecer.

El Cambio de Perspectiva

Erich Fromm, en su libro "El arte de amar", propuso un cambio significativo en la forma en que vemos el amor. En lugar de considerarlo como un objeto externo que debemos obtener, lo definió como una capacidad humana interna. Esto significa que todos podemos aprender a generar amor desde dentro.

Generando Amor Propio

¿Cómo empezar a amarte a ti mismo? Aquí hay algunas prácticas:

Reconoce tus Actos de Amor: Piensa en las pequeñas o grandes formas en que has compartido amor con los demás. Escuchar a un amigo, dar un masaje a tu pareja o abrazar a un ser querido son ejemplos. ¡Tú eres una fuente de amor!

Dirige el Amor Hacia Ti Mismo: No solo lo busques afuera. Puedes brindarte compañía, comprensión y amabilidad. Date un baño relajante, escucha tu música favorita o vístete con ropa que te haga sentir atractivo/a.

Victoria Eugenia Correa

Solo conmigo mismo

Practica Diariamente: Fortalece tu relación contigo mismo.

Un día estarás tan lleno de amor que tendrás de sobra para compartir con los demás.

El Amor a Uno Mismo: Una Relación Esencial

El amor a uno mismo no es un lujo, sino una necesidad. Significa construir una relación profunda y enriquecedora con nosotros mismos, basada en la aceptación, el respeto y el cuidado personal.

Aquí hay algunas claves para cultivar este amor incondicional:

Reconoce tus virtudes y tus imperfecciones. No somos perfectos, pero eso no nos hace menos merecedores de amor. Aprende a abrazar todas las partes de ti mismo.

Así como cuidamos de nuestros seres queridos, debemos cuidarnos a nosotros mismos. Descansa cuando lo necesites, come bien, haz ejercicio y busca momentos de relajación.

Siempre háblate con Amabilidad ¿Cómo te hablas a ti mismo? A menudo somos nuestros críticos más duros. Cambia el diálogo interno negativo por palabras de aliento y compasión.

Establece límites saludables De vez en cuando, decir "no" es necesario no es egoísmo; es una forma de protegerte y preservar tu bienestar emocional.

Al celebrar tus logros, estás reconociendo tus éxitos, incluso los pequeños. Entonces, no dude,s celebra tus avances y permítete sentir orgullo por tus logros.

Dedica tiempo a actividades que te nutran. Lee, medita, escucha música, pasea al aire libre o disfruta de un baño relajante.

Prioriza tu bienestar físico, emocional y mental. Descansa lo suficiente, come saludablemente, haz ejercicio y busca actividades que te llenen de energía. El autocuidado es una expresión tangible de amor hacia ti mismo.

También perdónate, recuerda que somos imperfectos y todos cometemos errores. Aprende a perdonarte a ti mismo y a soltar la carga del pasado.

Visualiza Tu Propio Amor: Imagina que eres tu mejor amigo o amiga. ¿Cómo te tratarías? Practica ese amor hacia ti mismo.

Victoria Eugenia Correa

Aprende a Decir "Te Quiero" a Ti Mismo: No esperes a que alguien más te lo diga. Hazlo tú mismo. Repite afirmaciones positivas y cree en ellas.

Agradece: Reconoce las bendiciones en tu vida. Agradecer te conecta con el amor y la gratitud.

Reflexiona sobre los actos de amor que haces por los demás y reconoce que también puedes dirigirlos hacia ti mismo. Escuchar a un amigo con interés, abrazarte cuando te sientes triste o simplemente darte un momento de descanso son ejemplos de amor propio. O prepararte una comida deliciosa son ejemplos de amor en acción. Reconoce que tú también eres una fuente de amor en estos pequeños gestos.

El amor propio es una relación profunda y enriquecedora con nosotros mismos. No se trata solo de sentirnos bien o de mimarnos ocasionalmente.
  Es un compromiso constante basado en la aceptación, el respeto y el cuidado personal.

El amor propio no es egoísmo; es una elección consciente de cuidarnos y valorarnos. Así que, adelante, cultiva este arte en tu vida y descubre la belleza de amarte a ti mismo

La Capacidad de Amar

Erich Fromm, en su libro "El arte de amar" (1956), nos invita a reconsiderar nuestra perspectiva sobre el amor.

En lugar de verlo como un objeto externo que debemos obtener de otros, él lo define como una capacidad humana. Esto significa que todos tenemos la habilidad de generar amor desde nuestro interior.

No podemos controlar el amor que proviene de los demás, pero sí podemos cultivar el amor que generamos.

El Amor Incondicional Hacia Nosotros Mismos

El amor propio implica aceptarnos tal como somos, con todas nuestras imperfecciones. Es un amor incondicional que no depende de logros, apariencia o circunstancias externas.

- Dirige el Amor Hacia Ti Mismo: Cambia la dirección de tu amor. No solo lo ofrezcas hacia afuera, sino también hacia ti mismo.

-

- Date permiso para cuidarte. Puedes brindarte compañía, comprensión, descanso y cariño. Practica la autocompasión incluso cuando te equivocas.

Victoria Eugenia Correa

Solo conmigo mismo

La Revolución Interior

Cuando aprendemos a amarnos a nosotros mismos, creamos una revolución interior.

Dejamos de buscar la validación externa y encontramos una fuente inagotable de amor dentro de nosotros. Practica el arte de amarte a ti mismo a diario.

Llena tu propio recipiente de amor hasta rebosar, y entonces tendrás más que suficiente para compartir con los demás.

Recuerda que el amor propio no es egoísmo; es una elección consciente de cuidarnos y valorarnos.

Así que, ¡adelante! Cultiva ese amor interior y compártelo con el mundo.

Victoria Eugenia Correa

Solo conmigo mismo

Capítulo 13:
Valorando nuestras virtudes

Cada uno de nosotros posee cualidades únicas que nos hacen ser quienes somos. La autoaceptación y el aprecio por nuestras virtudes son fundamentales para construir relaciones auténticas y significativas.

Nunca pases por alto, que la aceptación es el primer paso hacia la valoración de nuestras virtudes. Reconocer que no somos perfectos, pero aun así somos valiosos y dignos de amor y respeto, es esencial.

La autoaceptación nos permite enfrentar los desafíos con una actitud constructiva y nos impulsa a crecer.

La responsabilidad es otra virtud crucial. Implica asumir plenamente las consecuencias de nuestras elecciones. Al ser responsables, no solo maduramos como individuos, sino que también contribuimos positivamente a la sociedad.

La responsabilidad crea un marco de relaciones saludables y evita interferencias negativas en la vida de los demás.

La gratitud nos permite ver el lado positivo de la vida. Valorar incluso las cosas más simples nos ayuda a apreciar lo que tenemos. La satisfacción surge de la conciencia de que somos suficientes y tenemos suficiente. Practicar la gratitud nos conecta con nuestras virtudes y nos hace más conscientes de nuestras bendiciones.

La asertividad es un estilo de comunicación que nos permite expresar nuestras opiniones de manera respetuosa y firme. Al establecer límites claros, honramos nuestras virtudes y respetamos los derechos de los demás. La asertividad es esencial para construir relaciones auténticas y sinceras.

La humildad nos recuerda que todos somos aprendices en este viaje de la vida.

Reconocer nuestras limitaciones y aprender de los demás es una virtud valiosa. La bondad, por otro lado, nos impulsa a actuar con compasión y empatía hacia los demás. Practicar la bondad nos conecta con nuestra humanidad compartida.

Victoria Eugenia Correa

Solo conmigo mismo

Tómate un momento para reflexionar sobre tus propias virtudes. ¿Qué te hace único? ¿Cuáles son tus fortalezas? Anota tus pensamientos y observa cómo estas virtudes influyen en tus relaciones y en tu bienestar general.

Recuerda que valorar nuestras virtudes no es vanidad, sino un reconocimiento sincero de lo que somos capaces de aportar al mundo. ¡Celebra tus virtudes y compártelas con los demás!

Victoria Eugenia Correa

Capítulo 14: Transformando creencias limitantes

Exploraremos cómo identificar y superar las creencias limitantes que nos afectan en nuestra vida y, específicamente, en el ámbito del amor propio y las relaciones.

Las creencias negativas pueden actuar como obstáculos, impidiéndonos alcanzar nuestro máximo potencial y experimentar relaciones saludables y significativas. A continuación, desglosaremos algunas reflexiones y prácticas para transformar estas creencias:

Las creencias limitantes son ideas o pensamientos arraigados en nuestra mente que nos impiden crecer y prosperar.

En el contexto del amor y las relaciones, estas creencias pueden sabotear nuestra autoestima y afectar nuestra capacidad para amar y ser amados. Algunos ejemplos comunes de creencias limitantes sobre el amor incluyen:

"El amor duele": Esta creencia sugiere que el amor siempre está asociado con el sufrimiento y la decepción.

Sin embargo, el amor puede ser una fuente de alegría y crecimiento si lo abordamos de manera saludable.

"No merezco el amor": Muchas personas se sienten indignas de recibir amor y afecto. Esta creencia puede surgir de experiencias pasadas o mensajes negativos internalizados.

"El amor es sacrificio": Algunas personas creen que deben renunciar a su propia felicidad o necesidades para mantener una relación. Sin embargo, el amor no debe ser un acto de sacrificio constante.

Victoria Eugenia Correa

Solo conmigo mismo

Ya no seré libre una de las creencias limitantes sobre el amor más fuerte es pensar que la relación implica perder la libertad.
...

Es imposible encontrar una buena pareja ...

Todas las personas son iguales ...

Es mi culpa ...

Siempre tengo algo en que ocuparme ...

No tengo dinero ...

Baja autoestima

Merezco la soledad

Las creencias limitantes sobre el amor y las relaciones de pareja pueden influir significativamente en nuestra vida amorosa.

A menudo, estas creencias nos condicionan y nos impiden experimentar relaciones saludables y satisfactorias. Aquí te presento algunas de estas creencias y cómo pueden afectarnos:

"El amor hay que sufrirlo para ganarlo": A veces, se nos hace creer que las relaciones se fortalecen a través de grandes peleas y reconciliaciones. Sin embargo, este patrón puede ser peligroso, ya que no es necesario sufrir para amar. La pasión no debe confundirse con el dolor.

"El amor para toda la vida": La idea de que debemos soportar cualquier cosa en una relación porque "el amor es para siempre" puede ser perjudicial. Normalizar que el amor puede tener un fin nos permite liberarnos de relaciones que no nos merecen.

"No seas una opción": Si alguien está dudando entre tú y otra persona, no te conviertas en una opción. No participes en juegos que afecten tu autoestima. Elige relaciones donde seas la prioridad.

Victoria Eugenia Correa

Solo conmigo mismo

"El vacío infinito tras una ruptura": A menudo creemos que si nos dejan, quedará un vacío imposible de llenar. En realidad, ese espacio puede ser donde surjan nuevas ilusiones. Nadie es imprescindible.

"El amor es cuestión de suerte": Esta creencia nos victimiza y nos hace pensar que no tenemos control sobre el amor. En realidad, el amor se elige. Nuestras creencias y patrones inconscientes influyen en nuestras elecciones amorosas.

"La felicidad depende de alguien más": La felicidad no depende exclusivamente de otra persona. Es un camino que construimos internamente.

Los demás pueden acompañarnos, pero no son responsables de nuestra felicidad.

Recuerda cuestionar estas creencias y permitirte vivir relaciones basadas en el respeto, la comunicación y el crecimiento mutuo.

El amor puede ser hermoso cuando lo construimos desde la libertad y la autenticidad.

Identificar nuestras creencias limitantes es un paso importante hacia el crecimiento personal y la transformación. Aquí hay algunas estrategias que pueden ayudarte a reconocerlas:

Autoobservación: Tómate un tiempo para reflexionar sobre tus pensamientos y reacciones. ¿Hay patrones recurrentes? ¿Qué creencias subyacen a esos patrones? Por ejemplo, si tiendes a pensar "no soy lo suficientemente bueno", esa podría ser una creencia limitante.

Pistas en tus emociones: Las emociones intensas pueden revelar creencias arraigadas. Si sientes miedo, ansiedad o enojo en ciertas situaciones, pregúntate qué creencias podrían estar detrás de esas emociones.

Cuestiona tus pensamientos automáticos: Cuando enfrentes una situación, observa tus pensamientos automáticos. ¿Son negativos o limitantes? Por ejemplo, si alguien no te devuelve una llamada, ¿piensas automáticamente que no les importas? Esa podría ser una creencia limitante.

Victoria Eugenia Correa

Solo conmigo mismo

Explora tu historia personal: Examina tus experiencias pasadas. ¿Hay momentos en los que hayas adoptado creencias sobre ti mismo o sobre el amor? Por ejemplo, si has tenido relaciones dolorosas, podrías haber desarrollado creencias negativas sobre el amor.

Habla con otros: A veces, los demás pueden ver patrones en nosotros que no notamos. Comparte tus pensamientos y creencias con amigos cercanos o un terapeuta. Ellos pueden ofrecer una perspectiva objetiva.

Escribe un diario: Lleva un registro de tus pensamientos y emociones. Esto te ayudará a identificar patrones y creencias recurrentes.

Recuerda que identificar estas creencias es el primer paso. Una vez que las reconozcas, podrás trabajar en cambiarlas y adoptar creencias más positivas y empoderadoras. ¡Ánimo!

Solo conmigo mismo

Para transformar estas creencias, considera los siguientes pasos:

Identificación: Haz una lista de las creencias limitantes que tienes sobre el amor y las relaciones. Reconoce que estas creencias son solo interpretaciones subjetivas y no verdades absolutas.

Cuestionamiento: Analiza cada creencia y pregúntate si realmente es válida. ¿Hay evidencia sólida que respalde esta creencia? ¿Cómo te ha afectado hasta ahora?

Reemplazo: Sustituye las creencias limitantes por afirmaciones más positivas. Por ejemplo:

De "El amor duele" a "El amor puede ser una fuente de alegría y crecimiento".
De "No merezco el amor" a "Merezco amor y afecto".

Visualización: Imagina cómo sería tu vida si no tuvieras estas creencias limitantes. Visualiza relaciones saludables y amor propio inquebrantable.

El amor propio es fundamental para desafiar las creencias limitantes. Algunas prácticas para cultivar el amor hacia ti mismo incluyen:

Dedicar tiempo a cuidarte física y emocionalmente. Establece límites saludables y prioriza tu bienestar.

Aceptar tus imperfecciones y reconoce que mereces amor y compasión, incluso cuando cometes errores.
Autocompasión: Trátate con amabilidad y comprensión. No seas demasiado duro contigo mismo.

No olvides, que cambiar nuestras creencias es un proceso gradual. Al desafiar las creencias limitantes, puedes abrirte a nuevas posibilidades y experimentar relaciones más auténticas y satisfactorias.

Cambiar las creencias limitantes es un proceso valioso para liberarte de patrones negativos y abrirte a nuevas posibilidades. Aquí tienes algunas estrategias que puedes aplicar:

Haz una lista con tus creencias limitantes: Identifica las creencias que sientes que te limitan. Anótalas para tener claridad sobre cuáles son.

Analiza cada una y date cuenta de que son solo tu visión: Cuestiona la validez de estas creencias. ¿Son realmente ciertas o simplemente percepciones subjetivas?

Relaciona tus creencias limitantes con aspectos negativos: Examina cómo estas creencias afectan tu vida. ¿Te impiden tomar ciertas acciones o te generan ansiedad?

Substituye cada creencia limitante con una positiva: Desafía tus pensamientos negativos. Por ejemplo, si crees que "no mereces el éxito", cámbialo por "mereces todas las oportunidades que lleguen a ti".

Relaciona las creencias nuevas con aspectos positivos: Asocia tus nuevas creencias con resultados positivos. Visualiza cómo te sentirías al adoptar estas perspectivas más empoderadoras.

Victoria Eugenia Correa

Solo conmigo mismo

Lleva a cabo tus nuevas creencias: Actúa de acuerdo con tus creencias transformadas. El cambio se da a través de la acción constante y consciente.

Mantener tus nuevas creencias es fundamental para consolidar un cambio positivo en tu vida. Aquí te presento algunas estrategias que pueden ayudarte a mantener esas creencias empoderadoras:

Practica la gratitud y la afirmación positiva:

Centrarte en lo que tienes y agradecer por ello te ayuda a mantener una perspectiva positiva. Además, repite afirmaciones positivas sobre ti mismo para reforzar tus nuevas creencias.

Cuida de ti mismo:

El autocuidado es esencial. Dedica tiempo a actividades que te nutran física, emocional y mentalmente. Esto fortalecerá tu autoestima y te recordará que mereces lo mejor.

Rodéate de personas que te apoyen y te animen:

Comparte tus cambios con amigos y familiares que te respalden. Su apoyo te motivará y te recordará que no estás solo en este proceso.

Establece metas realistas y alcanzables:

Define objetivos que estén alineados con tus nuevas creencias. Trabaja hacia ellos paso a paso y celebra cada logro, por pequeño que sea.

Celebra tus éxitos y aprendizajes:
Reconoce tus avances y celebra tus logros. Cada vez que actúes de acuerdo con tus nuevas creencias, date un reconocimiento. Esto refuerza tu compromiso con el cambio.

Recuerda que mantener tus creencias requiere constancia y paciencia. ¡Sigue adelante y confía en ti mismo!
Las 6 acciones para cambiar las creencias limitantes

Haz una lista con tus creencias limitantes El primer paso para cambiar las creencias limitantes es sentarse a analizar cuáles tenemos. ...

Analiza cada una, y date cuenta que son solo tu visión ...

Relaciona tus creencias limitantes con aspectos negativos ...

Substituye cada creencia limitante con una positiva ...

Relaciona las creencias nuevas con aspectos positivos ...

Lleva a cabo tus nuevas creencias ...

Victoria Eugenia Correa

Solo conmigo mismo

La Terapia de Aceptación y Compromiso (ACT) es una valiosa herramienta dentro del campo de la psicología. A continuación, te explico en qué consiste y cómo puede ayudarte:

¿Qué es la Terapia de Aceptación y Compromiso?

La ACT es una terapia de tercera generación que se enfoca en la aceptación y el contexto funcional para encontrar el bienestar.

A diferencia de otras terapias, no busca modificar o evitar los eventos privados (como pensamientos o emociones), sino aceptarlos y actuar de forma no enjuiciadora.

Se basa en el lenguaje, el compromiso y la flexibilidad como habilidades humanas.

¿Cómo funciona la ACT?

Identifica y cuestiona creencias limitantes que puedan estar afectando tu vida.

Fomenta la aceptación de tus pensamientos y emociones, incluso los incómodos.

Te ayuda a comprometerte con tus valores y metas personales.

Promueve la flexibilidad psicológica, permitiéndote adaptarte a las circunstancias

Victoria Eugenia Correa

Beneficios de la ACT:

Libertad emocional: Aprenderás a no luchar contra tus pensamientos y emociones, sino a aceptarlos y seguir adelante.

Mayor bienestar: Al vivir en congruencia con tus valores, experimentarás una sensación de plenitud.

Reducción del sufrimiento: Al dejar de luchar contra lo inevitable, encontrarás paz interior.

Cómo aplicar la ACT para mantener tus nuevas creencias:

Autoobservación: Reflexiona sobre tus pensamientos y emociones. ¿Hay patrones limitantes?

Cuestiona tus creencias: ¿Son reales o solo percepciones subjetivas?

Crea alternativas: Sustituye creencias negativas por positivas.

Relaciona con aspectos positivos: Asocia tus nuevas creencias con resultados deseables.

Actúa de acuerdo con ellas: Pon en práctica tus creencias transformadas.

Busca apoyo: Comparte tus cambios con personas que te respalden.

Recuerda que la ACT es un proceso gradual. ¡Ánimo en tu camino hacia creencias más empoderadoras!

Victoria Eugenia Correa

Solo conmigo mismo

Capítulo 15: Preparándonos para el amor compartido

Preparándonos para el Amor Compartido

1. La Naranja Completa

En este capítulo, nos sumergiremos en la metáfora de la naranja completa. Imagina que cada persona es como una naranja: única, jugosa y llena de sabor. No necesitamos a alguien más para completarnos; ya somos enteros por nosotros mismos. El amor propio es el proceso de reconocer nuestra propia valía y aprender a nutrirnos desde adentro.

a. Reconociendo Nuestra Propia Valía

Antes de buscar una relación, debemos mirarnos al espejo y decirnos: "Soy suficiente". A menudo, nuestras creencias limitantes nos hacen dudar de nuestra valía. Pero recordemos que merecemos amor y respeto, independientemente de nuestra situación actual.

b. Nutriéndonos desde Adentro

El amor propio implica cuidarnos física, emocional y mentalmente. Esto incluye:

Autocuidado físico: Hacer ejercicio, comer bien y descansar lo suficiente.

Autocuidado emocional: Reconocer nuestras emociones, permitirnos sentir y buscar apoyo cuando lo necesitamos.

Autocuidado mental: Cultivar pensamientos positivos, practicar la gratitud y aprender a manejar el estrés.

2. La Pareja que Nos Complementa

Cuando estamos en paz con nosotros mismos, estamos listos para atraer una pareja que nos complemente, no que nos complete. Aquí hay algunas ideas clave:

a. Compatibilidad y Complementariedad

Busquemos a alguien con quien compartamos valores fundamentales y objetivos de vida. Sin embargo, no necesitamos ser idénticos. La complementariedad es clave: dos personas pueden ser diferentes pero enriquecerse mutuamente.

Victoria Eugenia Correa

Solo conmigo mismo

b. Relaciones Saludables

Una relación saludable se basa en la comunicación abierta, el respeto mutuo y el apoyo emocional. No debemos conformarnos con menos. Merecemos una relación que nos haga crecer y nos haga sentir amados.

3. El Viaje Continuo

El amor propio y las relaciones no son estáticos. Son un viaje continuo de crecimiento y aprendizaje. Aquí hay algunas reflexiones finales:

Aprender de las Relaciones Pasadas: Reflexionemos sobre nuestras experiencias anteriores y extraigamos lecciones valiosas. ¿Qué queremos y qué no queremos en una relación?

La Autenticidad es Atractiva: Cuando somos auténticos, atraemos a personas que nos aceptan tal como somos. No necesitamos fingir ser alguien más para ser amados.

En resumen, el amor propio es el cimiento sobre el cual construimos relaciones significativas.

Somos naranjas completas, y merecemos una pareja que nos complemente en nuestro viaje de vida. Así que, ¡vamos a amarnos y atraer el amor compartido!

La complementariedad en una relación se refiere a un patrón donde los comportamientos y aspiraciones de los individuos o del grupo difieren y se complementan recíprocamente. En otras palabras, es cuando dos personas se ajustan y satisfacen las necesidades del otro de manera equilibrada.

Aquí hay algunos aspectos clave sobre la complementariedad en las relaciones:

Complementariedad Armónica:

Cuando esta modalidad relacional se vive de manera armoniosa, permite establecer un equilibrio dinámico y funcional.Cada persona aporta algo único y necesario para el bienestar de la relación.

Ejemplos de Complementariedad:

En una pareja, uno puede ser más extrovertido mientras que el otro es más introvertido. Sus diferencias se complementan, creando un equilibrio.

En una amistad, uno puede ser bueno en la organización y el otro en la creatividad. Juntos, forman un equipo completo.

Cuidado con la Rigidez:

La complementariedad puede volverse problemática si se vuelve rígida y disfuncional.

Por ejemplo, si una persona siempre asume una posición de superioridad (one-up) o inferioridad (one-down), puede generar conflictos en la relacióni.

Victoria Eugenia Correa

Solo conmigo mismo

En resumen, la complementariedad es una danza de diferencias que, cuando se maneja con flexibilidad y respeto, enriquece nuestras relaciones y nos ayuda a crecer juntos.

La complementariedad y la dependencia emocional son dos conceptos distintos en el ámbito de las relaciones humanas. Permíteme explicarte sus diferencias:

Complementariedad:

La complementariedad se refiere a un patrón en el cual los comportamientos, habilidades o características de dos personas se complementan entre sí.

En una relación complementaria, cada individuo aporta algo único y necesario para el bienestar de la pareja.

Ejemplo: Una persona extrovertida puede complementarse con alguien más introvertido, creando un equilibrio.

Dependencia Emocional:

La dependencia emocional implica una fuerte necesidad de otra persona para satisfacer nuestras necesidades emocionales.

Quienes experimentan dependencia emocional pueden tener dificultades para separar su identidad de la de su pareja.

Suelen temer perder el amor, la soledad o la distancia.

La dependencia emocional puede llevar a una relación desequilibrada y dolorosa.

Diferencias Clave:

Enfoque:

La complementariedad se centra en cómo dos personas se complementan y enriquecen mutuamente.

La dependencia emocional se enfoca en la necesidad de la otra persona para sentirse completo.

Motivación:

Los complementarios buscan equilibrio y crecimiento.

Los dependientes emocionales temen la pérdida y buscan seguridad.

En resumen, mientras que la complementariedad es saludable y enriquecedora, la dependencia emocional puede ser problemática y afectar negativamente nuestras relaciones

Es importante reconocer estas dinámicas y trabajar hacia relaciones más equilibradas y satisfactorias.

Victoria Eugenia Correa

Capítulo 16: Rompiendo las cadenas del apego afectivo

He visto como muchas mujeres acuden a psicólogos buscando respuestas a si mismas y la mayoría es por apegos emocionales o afectivos, donde muchas de ellas repiten los mismos patrones vez tras vez, cayendo en relaciones pocos saludables o mas bien tóxicas ya sea hombres o mujeres y esto se debe muchas veces a la ausencia de una figura materna o paterna en el caso de las mujeres.

Al no llenar esos vacíos, al no llenar esos vacíos emocionales durante la infancia, estas mujeres pueden encontrarse atrapadas en un ciclo de búsqueda constante de validación y amor en sus relaciones adultas.

Este patrón de apego poco saludable puede manifestarse en una serie de comportamientos, como la dependencia emocional, el miedo al abandono, la idealización romántica o la incapacidad para establecer límites saludables. A menudo, estas mujeres se ven arrastradas hacia relaciones repetitivas que reflejan los mismos patrones disfuncionales de sus experiencias tempranas.

La falta de una figura materna o paterna puede dejar un vacío emocional profundo que estas mujeres intentan llenar a través de sus relaciones amorosas. Buscan en sus parejas el amor, la seguridad y la aceptación que no recibieron en su infancia, creando así una dependencia emocional que puede ser difícil de romper. Sin embargo, mientras más intentan llenar este vacío externamente, más se alejan de la posibilidad de encontrar la plenitud dentro de sí mismas.

Para romper este ciclo de dependencia y buscar relaciones más saludables y satisfactorias, es crucial que estas mujeres se embarquen en un viaje de autoconocimiento y sanación emocional. Esto puede implicar explorar las heridas emocionales del pasado, aprender a establecer límites claros y saludables, y desarrollar una relación amorosa y compasiva consigo mismas.

Al enfrentar y sanar las heridas del pasado, estas mujeres pueden liberarse del ciclo de apegos emocionales y abrirse a la posibilidad de relaciones amorosas basadas en el respeto mutuo, la autonomía y el crecimiento personal.

Victoria Eugenia Correa

Solo conmigo mismo

En el vasto territorio del amor humano, el apego afectivo se erige como una fuerza poderosa y a menudo compleja. Este lazo emocional, arraigado en nuestras experiencias tempranas y profundamente entrelazado con nuestras necesidades y deseos más profundos, puede moldear nuestras relaciones de formas tanto sublimes como destructivas. En este viaje exploratorio, nos aventuraremos a través de los recovecos de la psicología y la sabiduría humana en busca de claves para superar el apego afectivo y transformar el amor en una experiencia plena y saludable.

En este viaje de autodescubrimiento y crecimiento personal, nos sumergiremos en las profundidades del apego afectivo para comprender su influencia en nuestras vidas y relaciones. Reconocemos que el apego afectivo es más que un simple lazo emocional; es una fuerza dinámica que puede moldear nuestra percepción del mundo y nuestra forma de relacionarnos con los demás.

Desde las primeras experiencias de apego en la infancia hasta las complejas interacciones emocionales en la edad adulta, el apego afectivo deja una huella indeleble en nuestro ser. Nos acompaña en cada paso del camino, influyendo en nuestras elecciones, nuestras expectativas y nuestras reacciones emocionales ante el amor y la intimidad.

Sin embargo, aunque el apego afectivo puede ofrecer consuelo y seguridad, también puede convertirse en una fuente de sufrimiento y limitación. Cuando nuestros patrones de apego están arraigados en el miedo, la inseguridad o la dependencia emocional, corremos el riesgo de caer en relaciones poco saludables y cíclicas que nos impiden alcanzar nuestro potencial pleno.

Por tanto, este viaje de exploración no es solo un ejercicio intelectual, sino una búsqueda profundamente personal de autoconocimiento y transformación. Nos desafiaremos a nosotros mismos a mirar más allá de nuestras máscaras emocionales y a confrontar las verdades incómodas que residen en lo más profundo de nuestro ser.

Nos armaremos con las herramientas de la psicología y la sabiduría humana para desentrañar los nudos del apego afectivo y liberarnos de sus cadenas. A través de la terapia, la introspección y el trabajo emocional, nos comprometeremos a sanar las heridas del pasado y a redefinir nuestras relaciones con el amor y la intimidad.

Victoria Eugenia Correa

Solo conmigo mismo

Nos embarcaremos en un viaje de autodescubrimiento y crecimiento personal, sabiendo que el camino hacia la liberación del apego afectivo no será fácil ni lineal. Habrá retrocesos y desafíos en el camino, pero con cada paso que damos, nos acercamos un poco más a la experiencia plena y saludable del amor que anhelamos.

Así, con valentía y determinación, nos aventuramos a través de los recovecos del apego afectivo en busca de la clave para transformar el amor en una fuerza que nos eleve y nos nutra, en lugar de aprisionarnos y limitarnos. En este viaje de autodescubrimiento y crecimiento, encontraremos el poder de liberarnos de las cadenas del pasado y abrazar la plenitud del presente.

El amor, esa fuerza misteriosa que impulsa al alma humana a buscar conexión y unión con otros, también puede dar origen al fenómeno del apego afectivo. Este apego, tejido con hilos de emociones profundas como el miedo al abandono, la necesidad de seguridad y la búsqueda de identidad, puede llegar a ser una prisión invisible que limita nuestra capacidad de amar de manera auténtica y libre.

El primer paso en nuestro viaje hacia la liberación del apego afectivo es comprender sus raíces y manifestaciones. Desde los lazos de apego que establecemos con nuestros cuidadores en la infancia hasta las dinámicas de dependencia emocional que pueden infiltrarse en nuestras relaciones adultas, el apego afectivo puede manifestarse de diversas formas y afectar todos los aspectos de nuestra vida amorosa.

Este apego afectivo, como tejido con hilos de emociones profundas, se entrelaza en el tapiz de nuestras vidas, influenciando nuestras percepciones, nuestras elecciones y nuestras interacciones con el mundo que nos rodea. Desde los primeros latidos del corazón hasta los recovecos más íntimos de nuestra psique, el apego afectivo moldea nuestra experiencia del amor y la intimidad de maneras que a menudo son sutiles pero profundamente arraigadas.

Victoria Eugenia Correa

Solo conmigo mismo

En nuestros primeros años de vida, los lazos de apego que establecemos con nuestros cuidadores primarios se convierten en el fundamento sobre el cual construimos nuestras futuras relaciones. Si estos lazos son seguros y nutritivos, aprendemos a confiar en otros, a sentirnos seguros en nuestra propia piel y a buscar conexiones saludables y significativas. Sin embargo, si estos lazos son inseguros o traumatizantes, podemos desarrollar patrones de apego poco saludables que persisten en nuestras vidas adultas.

La dependencia emocional, el miedo al abandono, la necesidad desesperada de seguridad y la búsqueda implacable de identidad son solo algunas de las manifestaciones del apego afectivo que pueden infiltrarse en nuestras relaciones adultas. Nos aferramos a nuestras parejas con una ferocidad casi instintiva, temiendo perder su amor y validación, incluso a costa de nuestra propia autonomía y bienestar emocional. Nos encontramos repitiendo los mismos patrones disfuncionales de nuestras experiencias pasadas, atrapados en un ciclo interminable de deseo y desesperación.

Pero aunque el apego afectivo puede parecer una prisión invisible, también contiene las llaves para nuestra liberación. El primer paso en nuestro viaje hacia la sanación y la transformación es reconocer y comprender las raíces profundas de nuestro apego..

Al explorar nuestras experiencias tempranas de apego y las dinámicas subyacentes que influyen en nuestras relaciones adultas, podemos empezar a desentrañar los hilos del apego afectivo y a liberarnos de su influencia paralizante.

Con valentía y determinación, nos aventuramos más allá de nuestros miedos y resistencias, hacia una comprensión más profunda de nosotros mismos y de nuestras relaciones. Nos comprometemos a desafiar los patrones arraigados que nos mantienen atrapados en ciclos de sufrimiento y autoengaño, y a abrirnos a la posibilidad de amar de manera auténtica y libre.

En este viaje de autodescubrimiento y sanación, nos enfrentamos a nosotros mismos con honestidad y compasión, reconociendo nuestras vulnerabilidades y fortalezas, nuestras heridas y nuestras esperanzas más profundas. Nos permitimos sentir el dolor y la tristeza que hemos estado evitando durante tanto tiempo, y nos abrimos a la posibilidad de un amor que trasciende el apego y la dependencia.

Así, con cada paso que damos hacia la liberación del apego afectivo, nos acercamos un poco más a la experiencia plena y saludable del amor que anhelamos. Nos convertimos en arquitectos de nuestras propias vidas, construyendo relaciones basadas en la confianza mutua, el respeto y la aceptación incondicional. Y en ese proceso de transformación, encontramos la libertad y la alegría que viene de amar de manera auténtica y libre, sin ataduras ni limitaciones.

Victoria Eugenia Correa

Solo conmigo mismo

Superar el apego afectivo requiere un acto de valentía y autoconciencia. Implica enfrentar nuestros miedos más profundos, desafiar nuestras creencias arraigadas y reconstruir nuestra relación con el amor desde una base de autenticidad y autonomía. Aquí, exploraremos estrategias y herramientas psicológicas para desmontar las cadenas del apego y abrirnos a una experiencia más plena y saludable del amor.

El primer paso en este viaje de autodescubrimiento es la autoconciencia. Debemos examinar honestamente nuestras propias dinámicas de apego y cómo influyen en nuestras relaciones. Esto puede implicar reflexionar sobre nuestras experiencias pasadas, identificar patrones recurrentes en nuestras relaciones y reconocer cómo el apego afectivo ha impactado en nuestra vida amorosa.

Una vez que hemos desarrollado una mayor autoconciencia, podemos comenzar a desafiar nuestras creencias arraigadas sobre el amor y la intimidad. Esto puede requerir cuestionar las ideas preconcebidas sobre lo que significa amar y ser amado, y desafiar las expectativas poco realistas que hemos internalizado sobre las relaciones. Es importante recordar que el amor no debe ser una fuente de sufrimiento o sacrificio, sino una experiencia enriquecedora y satisfactoria que nos permite crecer y florecer como individuos.

Además, es fundamental cultivar la autenticidad y la autonomía en nuestras relaciones. Esto implica aprender a ser honestos y transparentes con nosotros mismos y con nuestros seres queridos, y a establecer límites claros y saludables en nuestras interacciones. Al hacerlo, podemos liberarnos de la necesidad de buscar validación externa y encontrar la plenitud dentro de nosotros mismos.

Una herramienta poderosa para desmontar las cadenas del apego es la terapia. Al trabajar con un terapeuta cualificado, podemos explorar nuestras emociones y experiencias de manera segura y compasiva, y desarrollar estrategias efectivas para manejar nuestros patrones de apego poco saludables. La terapia puede ayudarnos a identificar y desafiar las creencias limitantes que nos mantienen atrapados en ciclos de sufrimiento y a desarrollar habilidades para establecer relaciones más satisfactorias y significativas.

Además de la terapia, también podemos beneficiarnos de prácticas como la meditación y la atención plena, que nos ayudan a conectarnos con nuestro yo interior y a cultivar una mayor conciencia y aceptación de nuestras experiencias. La meditación puede ser especialmente útil para calmar nuestras mentes inquietas y aprender a estar presentes en el momento presente, lo que nos permite responder de manera más consciente y compasiva a nuestras propias necesidades y deseos.

Victoria Eugenia Correa

Solo conmigo mismo

En última instancia, superar el apego afectivo es un proceso continuo que requiere tiempo, paciencia y dedicación. Pero con valentía y compromiso, podemos liberarnos de las cadenas del apego y abrirnos a una experiencia más plena y saludable del amor.

En este viaje de autodescubrimiento y crecimiento, encontramos la libertad y la alegría que viene de amar de manera auténtica y libre, sin ataduras ni limitaciones.

La autocompasión y la autoestima son pilares fundamentales en el proceso de superar el apego afectivo. Al cultivar una relación compasiva y amorosa con nosotros mismos, podemos sanar las heridas del pasado y desarrollar una base sólida de autoestima que nos permita establecer límites saludables en nuestras relaciones y valorar nuestro propio bienestar por encima de todo.

La autocompasión implica tratarnos a nosotros mismos con amabilidad y comprensión, especialmente cuando estamos experimentando dificultades o sufrimiento. En lugar de juzgarnos o criticarnos duramente por nuestros errores o debilidades, nos ofrecemos a nosotros mismos la misma compasión y apoyo que ofreceríamos a un ser querido en una situación similar. Esto nos permite sanar las heridas emocionales del pasado y liberarnos del autojuicio y la autocrítica que pueden mantenernos atrapados en ciclos de sufrimiento y autoengaño.

La autoestima, por otro lado, se refiere a nuestra evaluación general de nuestro propio valor y valía como personas. Una autoestima saludable se basa en una apreciación realista de nuestras fortalezas y debilidades, así como en una aceptación incondicional de nosotros mismos tal como somos. Al cultivar una autoestima sólida, podemos confiar en nuestra propia valía y establece límites claros y saludables en nuestras relaciones, basados en el respeto mutuo y la equidad.

Victoria Eugenia Correa

Solo conmigo mismo

Para cultivar la autocompasión y la autoestima, es útil practicar la atención plena y la autorreflexión. Esto implica sintonizar con nuestras emociones y necesidades internas y aprender a respondernos con amabilidad y compasión en momentos de sufrimiento o dificultad. También podemos beneficiarnos de técnicas de autocuidado, como el ejercicio regular, la alimentación saludable y la práctica de actividades que nos traigan alegría y satisfacción.

Además, es importante rodearnos de personas que nos apoyen y nos animen en nuestro viaje de autoaceptación y crecimiento personal. Al rodearnos de relaciones positivas y nutritivas, podemos reforzar nuestra autoestima y aprender a valorarnos a nosotros mismos por encima de las opiniones y expectativas de los demás.

En última instancia, al cultivar una relación compasiva y amorosa con nosotros mismos, podemos liberarnos del apego afectivo y abrirnos a una experiencia más plena y saludable del amor. Nos permitimos amarnos a nosotros mismos de manera incondicional, sin depender del amor externo para validar nuestra valía o nuestra felicidad. En este acto de autodiscovery y empoderamiento, encontramos la fuerza y la resiliencia para establecer relaciones basadas en el respeto mutuo, la equidad y el cuidado mutuo.

Superar el apego afectivo no significa renunciar al amor, sino más bien reconstruir nuestras relaciones desde una base de libertad y autenticidad. Esto implica establecer límites claros, comunicarnos de manera abierta y honesta, y cultivar la confianza mutua y el respeto en nuestras interacciones íntimas.

Al liberarnos de las cadenas del apego afectivo, nos abrimos a la posibilidad de experimentar el amor de una manera más plena y satisfactoria. Reconocemos que el amor auténtico no está basado en la dependencia emocional o la necesidad de validación externa, sino en la conexión genuina y el cuidado mutuo entre dos personas que se valoran y se respetan mutuamente.

Esto implica establecer límites claros y saludables en nuestras relaciones, basados en el respeto mutuo y la equidad. Al comunicar nuestras necesidades y deseos de manera abierta y honesta, podemos evitar malentendidos y conflictos innecesarios, y crear un espacio seguro y acogedor donde ambos puedan crecer y florecer como individuos.

Victoria Eugenia Correa

Solo conmigo mismo

Cultivar la confianza mutua es otro aspecto crucial de reconstruir nuestras relaciones desde una base de libertad y autenticidad. Esto implica ser honestos y transparentes el uno con el otro, y mantener nuestras promesas y compromisos en todo momento. Al confiar en nuestra pareja y en su compromiso con nosotros, podemos relajarnos y permitirnos ser vulnerables, sabiendo que seremos apoyados y respetados en todo momento.

Además, es importante cultivar un sentido de respeto mutuo en nuestras interacciones íntimas. Esto implica valorar las opiniones y necesidades del otro, incluso cuando no estemos de acuerdo, y tratar a nuestra pareja con el mismo respeto y consideración que deseamos recibir. Al fomentar un ambiente de respeto mutuo, podemos construir relaciones sólidas y duraderas que estén fundamentadas en el amor y la confianza. superar el apego afectivo y reconstruir nuestras relaciones desde una base de libertad y autenticidad es un proceso continuo que requiere tiempo, paciencia y compromiso. Pero con valentía y determinación, podemos liberarnos de las cadenas del pasado y abrirnos a la posibilidad de experimentar el amor de una manera más plena y satisfactoria. En este viaje de autodescubrimiento y crecimiento, encontramos la libertad y la alegría que viene de amar de manera auténtica y libre, sin ataduras ni limitaciones.

El amor auténtico es inherentemente incierto y vulnerable. Al aprender a abrazar la incertidumbre y a tolerar la vulnerabilidad que conlleva, podemos abrirnos a experiencias más profundas y significativas del amor que trascienden los confines del apego afectivo y nos llevan hacia la plenitud.

En un mundo donde anhelamos seguridad y certeza, el amor auténtico desafía nuestras expectativas y nos invita a adentrarnos en lo desconocido. No hay garantías ni promesas de un final feliz, sino más bien la aceptación de la impermanencia y la fluidez del amor. Al aprender a abrazar la incertidumbre, nos liberamos del deseo de controlar y predecir el curso de nuestras relaciones, permitiendo que el amor florezca de manera natural y sin restricciones.

La vulnerabilidad es otra faceta esencial del amor auténtico. Al abrir nuestros corazones y exponernos emocionalmente ante otra persona, nos arriesgamos a ser heridos o rechazados. Sin embargo, es precisamente esta vulnerabilidad la que nos permite experimentar la plenitud del amor en toda su profundidad y belleza. Al permitirnos ser vulnerables, nos abrimos a la posibilidad de una conexión auténtica y significativa con otra persona, donde podemos compartir nuestras alegrías y tristezas, nuestros sueños y temores, de manera honesta y sin reservas.

Victoria Eugenia Correa

Solo conmigo mismo

Al aprender a abrazar la incertidumbre y a tolerar la vulnerabilidad que conlleva, podemos trascender los confines del apego afectivo y experimentar el amor de una manera más plena y auténtica. Nos liberamos de las expectativas y exigencias que hemos impuesto a nosotros mismos y a nuestras relaciones, y nos permitimos ser quienes realmente somos, sin máscaras ni pretensiones. En este espacio de autenticidad y apertura, encontramos la libertad y la alegría que viene de amar de manera verdadera y sin reservas.

El amor auténtico nos invita a despojarnos de las capas de protección y defensa que hemos construido alrededor de nuestros corazones y a abrirnos a la posibilidad de una conexión más profunda y significativa con nosotros mismos y con los demás. Al aprender a abrazar la incertidumbre y a tolerar la vulnerabilidad que conlleva, nos liberamos del apego afectivo y nos abrimos a experiencias más plenas y enriquecedoras del amor que nos llevan hacia la plenitud y la realización.

En el viaje de la vida, el amor es nuestro compañero constante y nuestro mayor maestro. A medida que exploramos las profundidades del apego afectivo y nos aventuramos hacia la liberación, descubrimos que el verdadero amor reside en nuestra capacidad de amarnos a nosotros mismos y a los demás con compasión, autenticidad y libertad.

El amor no es una posesión que se busca afuera, sino una fuerza que emana desde nuestro interior. En nuestro viaje hacia la liberación del apego afectivo, aprendemos que el amor auténtico comienza con una relación compasiva y amorosa con nosotros mismos. Nos permitimos reconocer y aceptar nuestras imperfecciones y vulnerabilidades, y nos tratamos con la misma amabilidad y comprensión que ofreceríamos a un ser querido en momentos de necesidad.

Al aprender a amarnos a nosotros mismos de manera incondicional, nos liberamos del deseo de buscar validación externa y nos abrimos a la posibilidad de experimentar el amor de una manera más plena y satisfactoria. Nos permitimos ser quienes realmente somos, sin miedo al juicio o la crítica, y nos comprometemos a vivir nuestras vidas con autenticidad y sinceridad.

Victoria Eugenia Correa

Solo conmigo mismo

Al mismo tiempo, reconocemos que el amor auténtico también implica amar a los demás con compasión y generosidad. Nos permitimos ser vulnerables y abrir nuestros corazones a aquellos que nos rodean, reconociendo que nuestras conexiones con los demás son la esencia misma de la experiencia humana. Nos comprometemos a tratar a los demás con respeto y dignidad, y a cultivar relaciones basadas en la confianza mutua y el cuidado mutuo.

En este acto de desapego y apertura, encontramos la clave para hacer del amor una experiencia plena y saludable que nutre nuestras almas y eleva nuestras vidas hacia nuevas alturas de realización y conexión humana. Nos liberamos de las cadenas del apego afectivo y nos abrimos a la posibilidad de amar de manera auténtica y libre, sin ataduras ni limitaciones.

En última instancia, el amor es el hilo conductor que une todas nuestras experiencias y nos guía en nuestro viaje hacia la plenitud y la realización. Al aprender a amarnos a nosotros mismos y a los demás con compasión, autenticidad y libertad, descubrimos el verdadero significado del amor y encontramos la paz y la felicidad que viene de vivir nuestras vidas con amor y gratitud en cada momento.

El apego es como una cadena que nos ata; depender emocionalmente de alguien es como construir una cárcel para nosotros mismos en la que nos encerramos vivos.

Esta afirmación, aunque contundente, resuena con una verdad profunda sobre la naturaleza humana y nuestras relaciones emocionales. Cuando nos aferramos demasiado a alguien, cuando nuestra felicidad y bienestar dependen exclusivamente de su presencia y aprobación, perdemos nuestra autonomía y nos sumergimos en un ciclo de necesidad y dependencia que puede ser paralizante y auto-destructivo.

El apego emocional se asemeja a una adicción en muchos aspectos. Experimentamos síntomas de abstinencia cuando estamos separados de la persona a la que estamos apegados, como ansiedad, tristeza o irritabilidad. Buscamos constantemente su atención y validación para sentirnos completos y seguros, incluso a costa de nuestra propia salud emocional y bienestar. Y como cualquier adicción, el apego afectivo puede consumirnos hasta el punto de perder nuestra identidad y autonomía, dejándonos atrapados en un ciclo de sufrimiento y desesperación.

Victoria Eugenia Correa

Solo conmigo mismo

Depender de alguien para nuestra felicidad y sentido de valía es como enterrarnos en vida. Nos privamos de nuestra capacidad de crecer y florecer como individuos independientes, y nos convertimos en prisioneros de nuestras propias expectativas y necesidades emocionales. En lugar de buscar la felicidad dentro de nosotros mismos, la externalizamos y la vinculamos a la presencia y el comportamiento de otra persona, lo que inevitablemente nos lleva a la insatisfacción y el sufrimiento.

Para liberarnos del ciclo del apego emocional, debemos aprender a encontrar nuestra felicidad y sentido de valía dentro de nosotros mismos. Esto implica cultivar una relación compasiva y amorosa con nosotros mismos, donde nos tratamos con amabilidad y respeto, independientemente de nuestra situación emocional o circunstancias externas. Al aprender a amarnos a nosotros mismos de manera incondicional, nos liberamos del deseo de buscar validación externa y nos abrimos a la posibilidad de experimentar el amor de una manera más plena y satisfactoria.

Es importante establecer límites claros y saludables en nuestras relaciones y aprender a mantener nuestra autonomía y dignidad incluso cuando estamos cerca de alguien a quien amamos. Esto implica comunicarnos de manera abierta y honesta sobre nuestras necesidades y deseos, y aprender a decir "no" cuando sea necesario para proteger nuestro propio bienestar emocional.

En última instancia, liberarnos del apego emocional nos permite vivir nuestras vidas con mayor libertad y autenticidad. Nos permite experimentar el amor de una manera más plena y satisfactoria, basada en la compasión, la autenticidad y la libertad. En lugar de enterrarnos en vida en una adicción emocional, nos abrimos a la posibilidad de vivir nuestras vidas con amor y gratitud en cada momento.

Victoria Eugenia Correa

Solo conmigo mismo

Frases como "no puedo vivir sin él" o "sin ella, yo me muero" crean una dependencia emocional que nos hace daño. Al expresar estas ideas, estamos afirmando que nuestra felicidad y bienestar dependen completamente de la presencia y aprobación de otra persona, lo cual no solo es poco realista, sino también poco saludable. No nacimos con esa persona, y construir una necesidad emocional en torno a ella puede ser una receta para el desastre emocional.

En lugar de buscar nuestra felicidad y valía en la presencia de otra persona, es importante cultivar el amor propio. El amor propio nos hace fuertes, independientes y seguros de nosotros mismos. Nos permite reconocer y valorar nuestra propia valía, independientemente de nuestra situación emocional o circunstancias externas. Al aprender a amarnos a nosotros mismos de manera incondicional, nos liberamos del deseo de buscar validación externa y nos abrimos a la posibilidad de experimentar el amor de una manera más plena y satisfactoria.

El amor propio nos enseña a ser autosuficientes y a encontrar nuestra felicidad dentro de nosotros mismos. Nos permite establecer límites claros y saludables en nuestras relaciones y a mantener nuestra autonomía y dignidad incluso cuando estamos cerca de alguien a quien amamos. En lugar de depender emocionalmente de otros para nuestra felicidad y bienestar, aprendemos a ser dueños de nuestras propias vidas y a encontrar la plenitud y satisfacción en cada momento.

Mientras que la dependencia emocional puede hacernos vulnerables y frágiles, el amor propio nos hace fuertes y resilientes. Nos libera del ciclo del apego emocional y nos permite vivir nuestras vidas con mayor libertad y autenticidad. En lugar de enterrarnos vivos en una adicción emocional, nos abrimos a la posibilidad de vivir nuestras vidas con amor propio y gratitud en cada momento.

Victoria Eugenia Correa

Solo conmigo mismo

Es cierto, en ocasiones nos encontramos atrapados en relaciones amorosas dañinas, donde nos cohibimos de recibir expresiones de amor y cariño, y nos sentimos más como una almohada en la cama o una sirvienta en la casa que como un igual en la relación. Nos vemos obligados a dar sin recibir nada a cambio, e incluso podemos vernos sometidos a maltrato físico, verbal o psicológico. Sin embargo, a pesar del sufrimiento que experimentamos, a menudo nos aferramos a estas relaciones por miedo a la soledad o al rechazo.

Esta dependencia emocional, basada en el temor a estar solos o a perder el amor y la atención de otra persona, es una trampa peligrosa que nos impide reconocer nuestro propio valor y dignidad. Nos conformamos con migajas de afecto y aceptamos un trato que va en contra de nuestro bienestar emocional y físico, todo porque tememos enfrentarnos a la realidad de estar solos.

Pero debemos recordar que la soledad no es necesariamente un enemigo, sino una oportunidad para reconectar con nosotros mismos y encontrar nuestra propia fuerza y valía. Es en los momentos de soledad que tenemos la oportunidad de reflexionar sobre nuestras necesidades y deseos, y de aprender a amarnos y respetarnos a nosotros mismos de manera incondicional.

Es importante reconocer que merecemos estar en relaciones donde se nos trate con respeto, amor y consideración, y que no tenemos que conformarnos con menos de lo que merecemos. Si nos encontramos en una relación dañina, es crucial buscar ayuda y apoyo para liberarnos de esa situación y recuperar nuestro poder y autonomía.

Debemos recordar que la verdadera felicidad y plenitud no se encuentran en las relaciones externas, sino dentro de nosotros mismos. Al aprender a amarnos y respetarnos a nosotros mismos, podemos liberarnos del ciclo del apego emocional y abrirnos a la posibilidad de experimentar el amor de una manera más plena y satisfactoria.

Victoria Eugenia Correa

Solo conmigo mismo

Al reconocer que la verdadera felicidad y plenitud residen dentro de nosotros mismos, nos liberamos del constante ciclo de búsqueda de validación externa y nos comprometemos a cultivar una relación amorosa y compasiva con nosotros mismos. Aprender a amarnos y respetarnos a nosotros mismos es un viaje transformador que nos permite romper las cadenas del apego emocional y encontrar la libertad y la plenitud que tanto anhelamos.

Cuando nos valoramos a nosotros mismos, no necesitamos depender emocionalmente de otros para nuestra felicidad y bienestar. Nos convertimos en dueños de nuestro propio destino y nos negamos a conformarnos con relaciones que nos hacen daño o nos dejan insatisfechos. En lugar de buscar desesperadamente la aprobación y el amor de los demás, nos comprometemos a satisfacer nuestras propias necesidades emocionales y a vivir nuestras vidas de acuerdo con nuestros propios valores y deseos.

Al aprender a amarnos y respetarnos a nosotros mismos, también nos volvemos más conscientes de nuestros límites y necesidades emocionales. Nos permitimos establecer límites claros y saludables en nuestras relaciones y a comunicar nuestras necesidades y deseos de manera abierta y honesta. Ya no nos conformamos con ser tratados con falta de respeto o recibir migajas de afecto, sino que exigimos ser valorados y apreciados por quienes somos.

Este viaje hacia el amor propio nos permite experimentar el amor de una manera más plena y satisfactoria. Nos abre a la posibilidad de relaciones más auténticas y significativas, basadas en la igualdad, el respeto mutuo y la reciprocidad emocional. En lugar de buscar desesperadamente el amor fuera de nosotros mismos, nos convertimos en nuestra propia fuente de amor y validación, lo que nos permite vivir nuestras vidas con mayor libertad y autenticidad.

En resumen, aprender a amarnos y respetarnos a nosotros mismos nos lleva a un estado de paz y plenitud interior que trasciende las circunstancias externas. Nos permite encontrar la alegría y la satisfacción en cada momento presente, independientemente de si estamos solos o acompañados. Al liberarnos del apego emocional y abrirnos al amor propio, nos convertimos en los arquitectos de nuestras propias vidas y en los guardianes de nuestra propia felicidad y bienestar.

Victoria Eugenia Correa

Solo conmigo mismo

Entonces, si salimos de una relación que ha sido tóxica, no debemos aferrarnos a ella por miedo a la soledad, ni mucho menos salir en busca de otra cuando aún no hemos curado nuestras heridas del pasado. Centrarnos en la búsqueda de respuestas a través del autoconocimiento, hacer un examen profundo de nosotros mismos para sanarnos, aprender a conocernos mejor y entender qué nos llevó a estar en esa situación es imprescindible para llegar a amarnos.

Sanar las heridas de la infancia es un paso fundamental en este proceso. Muchas veces, las experiencias no resueltas de nuestra niñez pueden influir en la forma en que nos relacionamos en la edad adulta. Reconocer y abordar estas heridas nos permite liberarnos de su influencia y abrirnos a la posibilidad de una relación más saludable con nosotros mismos y con los demás.

Aprender a amarnos a nosotros mismos nos brinda una base sólida sobre la cual construir relaciones más satisfactorias en el futuro. Cuando nos valoramos y respetamos a nosotros mismos, establecemos estándares más altos para las personas con las que permitimos entrar en nuestra vida. Ya no estamos dispuestos a conformarnos con menos de lo que merecemos, y estamos dispuestos a esperar a alguien que nos trate con el mismo amor y respeto con el que nos tratamos a nosotros mismos.

Este proceso de autodescubrimiento y sanación nos ayuda a evitar caer en la trampa de repetir patrones del pasado en nuestras relaciones futuras. Reconocemos las señales de advertencia y los comportamientos dañinos, y tenemos la fortaleza y la claridad para alejarnos de situaciones que no nos sirven. En lugar de buscar la validación externa a través de nuestras relaciones, encontramos la validación interna a través de nuestro amor propio y nuestra conexión con nuestro verdadero yo.

Es por eso que salir de una relación tóxica es solo el primer paso en el camino hacia la sanación y el crecimiento personal. Al centrarnos en el autoconocimiento y el amor propio, podemos liberarnos del ciclo del apego emocional y tomar decisiones más conscientes y saludables en el futuro. Nos convertimos en los arquitectos de nuestras propias vidas, capaces de crear relaciones auténticas y significativas basadas en el amor, el respeto y la integridad.

Victoria Eugenia Correa

Solo conmigo mismo

El apego emocional hacia otra persona puede surgir de una variedad de factores complejos que van desde experiencias tempranas en la infancia hasta necesidades emocionales no satisfechas en la edad adulta. Aquí hay algunas razones comunes que pueden llevar a alguien a desarrollar un apego emocional:

Experiencias tempranas de apego: La calidad de las relaciones con los cuidadores durante la infancia puede influir significativamente en la forma en que una persona experimenta el apego en sus relaciones adultas. Si se experimentó un apego seguro y amoroso durante la infancia, es más probable que la persona tenga habilidades saludables para relacionarse con otros en el futuro. Por el contrario, experiencias tempranas de abandono, negligencia o maltrato pueden generar un apego inseguro o ansioso en la adultez.

Necesidad de seguridad y pertenencia: El apego emocional puede surgir de una necesidad básica de seguridad y pertenencia. Las personas a menudo buscan conexiones emocionales profundas con otros como una forma de sentirse seguros y apoyados en un mundo a menudo incierto y desafiante. La compañía y el afecto de alguien pueden proporcionar una sensación de confort y estabilidad que calma la ansiedad y el miedo al abandono.

Carencias emocionales no resueltas: Las carencias emocionales no resueltas, como la falta de amor, atención o validación durante la infancia, pueden llevar a una búsqueda constante de estas necesidades en relaciones adultas. Las personas pueden aferrarse a otras en un intento de llenar el vacío emocional que sienten dentro de sí mismas, buscando la validación y el amor que no recibieron en el pasado.

Patrones familiares y sociales: Los patrones de apego y las dinámicas familiares observadas durante la infancia también pueden influir en la forma en que una persona experimenta el apego en sus propias relaciones. Si crecieron en un entorno donde el apego era inseguro o disfuncional, es probable que repitan esos patrones en sus propias relaciones, incluso si no son conscientes de ello.

Miedos y creencias limitantes: Los miedos subyacentes, como el miedo al abandono o al rechazo, pueden alimentar el apego emocional y mantener a una persona atrapada en relaciones poco saludables. Las creencias limitantes sobre uno mismo, como la baja autoestima o la sensación de no ser lo suficientemente digno de amor, también pueden contribuir al apego emocional y dificultar la capacidad de establecer límites saludables en las relaciones.

Victoria Eugenia Correa

Solo conmigo mismo

El apego emocional hacia otra persona puede ser el resultado de una combinación de experiencias pasadas, necesidades emocionales no satisfechas y patrones de pensamiento y comportamiento arraigados.

Reconocer y comprender estas influencias puede ser el primer paso hacia la sanación y la construcción de relaciones más saludables y satisfactorias en el futuro.

Nos apegamos a una variedad de cosas en la vida, no solo a otras personas. Nuestro apego puede extenderse a objetos materiales, ideas, creencias, emociones e incluso a identidades o roles que desempeñamos. Aquí hay algunas cosas a las que tendemos a apegarnos:

El tipo más común de apego es hacia otras personas, como familiares, amigos, parejas románticas o figuras de autoridad. Estas relaciones pueden proporcionar un sentido de conexión, seguridad emocional y apoyo que a menudo buscamos en otros. También podemos desarrollar un apego hacia objetos materiales, como posesiones personales, recuerdos, regalos especiales o incluso lugares físicos. Estos objetos pueden tener un significado emocional o sentimental para nosotros, y nos aferramos a ellos como una forma de conservar esos recuerdos o experiencias.

Nos apegamos a ideas, creencias y valores que forman parte de nuestra identidad y nos proporcionan una sensación de estabilidad y seguridad en el mundo. Estas pueden incluir creencias religiosas, políticas, culturales o filosóficas que hemos internalizado a lo largo de nuestras vidas.

Victoria Eugenia Correa

Solo conmigo mismo

A veces nos apegamos a ciertas emociones o estados de ánimo, especialmente aquellas que nos resultan familiares o reconfortantes. Por ejemplo, podemos aferrarnos a la felicidad, la alegría o la nostalgia, buscando repetir esas experiencias positivas una y otra vez.

Nos identificamos con ciertos roles o identidades que desempeñamos en la vida, ya sea como profesionales, padres, hijos, estudiantes, etc. Estos roles pueden proporcionar una sensación de propósito y significado, y nos aferramos a ellos como parte integral de nuestra identidad.

A veces nos apegamos a ciertas expectativas sobre cómo deberían ser las cosas o cómo deberían desarrollarse ciertas situaciones en nuestras vidas. Cuando las cosas no salen como esperamos, podemos experimentar estrés, ansiedad o frustración debido a nuestro apego a esos resultados específicos.

Nos apegamos a una amplia gama de cosas en la vida, desde personas y objetos materiales hasta ideas y creencias. Estos apegos pueden influir en nuestra forma de pensar, sentir y comportarnos, y pueden tener un impacto significativo en nuestra salud emocional y bienestar general. Reconocer y comprender nuestros apegos es el primer paso hacia la liberación y la búsqueda de una mayor libertad y felicidad en nuestras vidas.

Nos apegamos a la persona que ya no existe, a la imagen idealizada que construimos en nuestra mente cuando nos enamoramos. En esos momentos de enamoramiento, proyectamos nuestras esperanzas, sueños y deseos en la otra persona, creando una versión idealizada de ella que no siempre coincide con la realidad. Sin embargo, con el tiempo, esa imagen idealizada puede desvanecerse a medida que descubrimos las imperfecciones y vulnerabilidades de la persona real.

El dolor de perder a esa persona idealizada puede ser profundo y desgarrador. Nos aferramos desesperadamente a los recuerdos de cómo solía ser, anhelando el regreso de esa versión perfecta que una vez conocimos. Pero la realidad es que las personas cambian, evolucionan y crecen con el tiempo, y la persona que una vez nos enamoró puede ser muy diferente ahora.

Este apego a la persona que ya no existe puede mantenernos atrapados en el pasado, impidiéndonos seguir adelante y encontrar la felicidad en el presente. Nos aferramos a la esperanza de que las cosas volverán a ser como eran antes, ignorando las señales de que la relación ha cambiado irreparablemente. En lugar de aceptar la realidad y adaptarnos a las nuevas circunstancias, nos aferramos al pasado, alimentando un ciclo de dolor y sufrimiento.

Victoria Eugenia Correa

Solo conmigo mismo

Para liberarnos de este apego a la persona que ya no existe, es importante aceptar la realidad y dejar ir nuestras expectativas y deseos pasados. Esto puede requerir tiempo y esfuerzo, así como un proceso de duelo por la pérdida de lo que una vez tuvimos. Al permitirnos sentir y procesar nuestras emociones, podemos comenzar a sanar y abrirnos a la posibilidad de nuevas experiencias y relaciones en el futuro.

Es fundamental recordar que aunque la persona que una vez conocimos puede haber cambiado, todavía podemos encontrar amor y felicidad en otras áreas de nuestras vidas. Al soltar el apego al pasado, nos abrimos a la posibilidad de crear nuevas conexiones significativas y experimentar el amor de una manera más auténtica y satisfactoria.

El miedo al abandono es una emoción poderosa y profundamente arraigada que puede influir en nuestras relaciones y en la forma en que nos relacionamos con los demás. Este miedo puede surgir de experiencias pasadas de abandono o rechazo, ya sea en relaciones cercanas, amistades o incluso en la infancia. Cuando experimentamos el abandono en el pasado, puede dejar cicatrices emocionales que nos hacen temer perder el amor y la conexión con los demás en el futuro.

Este miedo al abandono puede manifestarse de diversas formas en nuestras relaciones. Podemos aferrarnos desesperadamente a las personas que amamos, temiendo perderlas si no las tenemos constantemente cerca. Podemos volcar todas nuestras necesidades emocionales en la relación, esperando que la otra persona nos salve de nuestra propia soledad y vacío interior. O podemos evitar completamente el acercamiento emocional por temor a ser lastimados o abandonados.

Victoria Eugenia Correa

Solo conmigo mismo

El miedo al abandono puede convertirse en una profecía autocumplida si no se aborda adecuadamente. Nuestro comportamiento impulsado por el miedo puede alejar a las personas que amamos, creando la misma sensación de abandono que tememos. También puede sabotear nuestras propias posibilidades de felicidad y realización, al impedirnos abrirnos completamente a la intimidad y la conexión emocional.

Para superar el miedo al abandono, es importante reconocer y confrontar nuestras creencias subyacentes sobre el amor y la conexión. Esto puede implicar explorar nuestras experiencias pasadas de abandono y cómo han influido en nuestras actitudes y comportamientos actuales. También puede implicar aprender a confiar en nosotros mismos y en nuestras habilidades para manejar la adversidad, en lugar de depender exclusivamente de los demás para nuestra felicidad y seguridad emocional.

La terapia puede ser una herramienta útil para abordar el miedo al abandono y aprender estrategias efectivas para manejarlo. Un terapeuta puede ayudarnos a identificar y desafiar nuestros pensamientos y creencias negativas, así como a desarrollar habilidades de afrontamiento saludables para manejar el miedo cuando surja.

Al enfrentar nuestro miedo al abandono y aprender a confiar en nosotros mismos y en nuestras relaciones, podemos liberarnos del ciclo del apego emocional y abrirnos a la posibilidad de experimentar el amor de una manera más plena y satisfactoria. Nos convertimos en los arquitectos de nuestras propias vidas, capaces de construir relaciones auténticas y significativas basadas en la confianza mutua y el respeto.

Solo conmigo mismo

el tema abordado nos lleva a comprender la importancia fundamental de aprender a amarnos a nosotros mismos antes de buscar amor y validación en otras personas. A lo largo de nuestras vidas, tendemos a desarrollar apegos emocionales hacia otras personas, objetos y creencias, buscando en ellos una sensación de seguridad, pertenencia y satisfacción emocional. Sin embargo, cuando estos apegos se vuelven excesivos o poco saludables, pueden llevarnos a relaciones tóxicas, miedo al abandono y una sensación de vacío interior.

El título del libro "Solo Conmigo Mismo: Descubriendo el Poder del Amor Propio y la Plenitud Interior" resume perfectamente la idea central: la importancia de encontrar la plenitud y la felicidad dentro de uno mismo, en lugar de depender exclusivamente de otros para nuestra satisfacción emocional. Aprender a amarnos y respetarnos a nosotros mismos nos brinda una base sólida sobre la cual construir relaciones más saludables y satisfactorias en el futuro. Nos permite establecer límites claros, comunicarnos de manera abierta y honesta, y valorar nuestro propio bienestar por encima de todo.

Al cultivar el amor propio, nos liberamos del ciclo del apego emocional y nos abrimos a la posibilidad de experimentar el amor de una manera más auténtica y plena. Nos convertimos en nuestros propios guardianes de la felicidad y la plenitud interior, capaces de encontrar la alegría y la satisfacción en cada momento presente, independientemente de nuestra situación relacional. En última instancia, aprender a amarnos a nosotros mismos nos lleva a un estado de paz y realización interior que trasciende las circunstancias externas, permitiéndonos vivir nuestras vidas con autenticidad y gratitud en cada paso del camino.

Victoria Eugenia Correa

Solo conmigo mismo

Aquí tienes algunas técnicas y estrategias que tanto mujeres como hombres pueden implementar para cultivar el amor propio y superar los desafíos del apego emocional:

Práctica de la autocompasión: La autocompasión es fundamental para cultivar el amor propio. Tanto hombres como mujeres pueden beneficiarse de practicar la autocompasión, que implica tratarse a uno mismo con amabilidad, comprensión y aceptación en momentos de dificultad o sufrimiento. Esto puede incluir el uso de afirmaciones positivas, el cuidado personal y la atención plena para reconfortarse en momentos de necesidad.

Terapia y asesoramiento: Buscar la ayuda de un terapeuta o consejero puede ser invaluable para aquellos que luchan con el apego emocional y la baja autoestima. Tanto hombres como mujeres pueden beneficiarse de hablar con un profesional de la salud mental que pueda proporcionar apoyo, orientación y herramientas prácticas para abordar los desafíos del amor propio y las relaciones.

Práctica de la gratitud: Cultivar un sentido de gratitud por uno mismo y por la vida en general puede ayudar a fortalecer el amor propio. Tanto hombres como mujeres pueden beneficiarse de mantener un diario de gratitud o practicar ejercicios de gratitud diarios, donde reflexionen sobre las cosas positivas en sus vidas y se enfoquen en lo que valoran y aprecian de sí mismos.

Establecimiento de límites saludables: Aprender a establecer y mantener límites saludables en las relaciones es esencial para cultivar el amor propio. Tanto hombres como mujeres pueden beneficiarse de identificar sus necesidades y deseos, comunicarlos de manera clara y firme, y defenderse cuando sea necesario para proteger su bienestar emocional y mental.

Exploración de pasatiempos e intereses: Dedicar tiempo a actividades que traigan alegría y satisfacción puede ayudar a fortalecer el amor propio y la identidad personal. Tanto hombres como mujeres pueden beneficiarse de explorar nuevos pasatiempos, intereses y pasiones que les permitan conectarse consigo mismos y con lo que les apasiona en la vida.

Victoria Eugenia Correa

Solo conmigo mismo

Práctica de la atención plena: La atención plena, o la práctica de estar presente en el momento presente con conciencia y aceptación, puede ser una herramienta poderosa para cultivar el amor propio. Tanto hombres como mujeres pueden beneficiarse de practicar la atención plena a través de la meditación, la respiración consciente y la atención plena en las actividades diarias.

Fomento de relaciones de apoyo: Buscar el apoyo de amigos, familiares y seres queridos puede ser fundamental para fortalecer el amor propio y superar los desafíos del apego emocional. Tanto hombres como mujeres pueden beneficiarse de rodearse de personas que los apoyen, los animen y los valoren por quienes son, ayudándolos a sentirse amados y aceptados.

Estas son solo algunas de las muchas técnicas y estrategias que tanto hombres como mujeres pueden implementar para cultivar el amor propio y superar los desafíos del apego emocional. Cada persona es única, por lo que es importante experimentar con diferentes enfoques y encontrar lo que funciona mejor para cada individuo en su viaje hacia el bienestar emocional y la plenitud interior.

Victoria Eugenia Correa

Capítulo 17:
Sanando y renaciendo,el camino hacia relaciones saludables y significativas

En este capítulo entraremos en el proceso de sanación y renovación personal como un paso fundamental para construir relaciones saludables y significativas. Tanto hombres como mujeres pueden beneficiarse enormemente de dedicar tiempo y esfuerzo a sanar sus heridas emocionales y fortalecer su amor propio antes de embarcarse en una nueva relación. A lo largo de estas páginas, ofreceremos estrategias prácticas, reflexiones profundas y ejercicios transformadores para guiar a los lectores en este importante viaje hacia la plenitud interior y la felicidad duradera.

El primer paso en el proceso de sanación es reconocer y aceptar las heridas emocionales del pasado. Tanto hombres como mujeres pueden llevar consigo experiencias dolorosas que han dejado cicatrices emocionales. Estas heridas pueden surgir de relaciones pasadas, traumas infantiles, pérdidas significativas o experiencias de abandono. Invitamos a los lectores a reflexionar sobre su propio pasado y a identificar las experiencias que han contribuido a su dolor emocional.

Para muchos, reconocer estas heridas puede ser un proceso desafiante y doloroso. Puede requerir confrontar emociones difíciles, como el dolor, la ira o la tristeza. Sin embargo, es un paso crucial en el camino hacia la sanación y el crecimiento personal. Animamos a los lectores a ser compasivos consigo mismos durante este proceso, reconociendo que el dolor que sienten es válido y digno de ser atendido.

Una vez que las heridas emocionales han sido reconocidas, es importante practicar la aceptación y el perdón. Esto implica aceptar las circunstancias pasadas y las acciones de los demás, así como perdonarse a uno mismo por cualquier culpa o arrepentimiento que se pueda sentir. Tanto hombres como mujeres pueden beneficiarse de dejar ir el resentimiento y la amargura que pueden estar cargando.

El perdón no significa olvidar o justificar el comportamiento dañino de otros, sino liberarse del peso emocional que viene con el resentimiento. Animamos a los lectores a explorar técnicas de perdón, como escribir cartas no enviadas a las personas involucradas o practicar la visualización del perdón. Estas prácticas pueden ayudar a liberar el dolor emocional y a encontrar paz interior.

Victoria Eugenia Correa

Solo conmigo mismo

Cuando se han aceptado las heridas emocionales y se ha practicado el perdón, es hora de comenzar el proceso de sanación. Hay muchas herramientas y técnicas disponibles para ayudar en este proceso, y es importante encontrar lo que funcione mejor para cada individuo. Algunas opciones pueden incluir la terapia individual o de grupo, la meditación y la atención plena, el yoga, el arte terapéutico o la escritura reflexiva.

En esta sección, ofrecemos a los lectores una variedad de opciones para explorar. Animamos a los lectores a experimentar con diferentes enfoques y a encontrar lo que resuene mejor con ellos. No hay una solución única para la sanación emocional, y es importante ser paciente y compasivo consigo mismo durante este proceso.

Al dar esos pasos significativos en el proceso de sanación, es crucial centrarse en el amor propio y la autoestima. Tanto hombres como mujeres pueden beneficiarse de aprender a amarse y respetarse a sí mismos. Esto implica tratarse con amabilidad y compasión en todas las áreas de la vida, estableciendo límites saludables y practicando el autocuidado regularmente.

Solo conmigo mismo

En esta sección, exploraremos técnicas para fortalecer el amor propio, como la práctica de la gratitud, el desarrollo de afirmaciones positivas y la celebración de los logros personales. Animamos a los lectores a cultivar una relación amorosa consigo mismos, reconociendo su propio valor y dignidad.

- Soy digno de amor y respeto.
- Me perdono a mí mismo y libero el peso del pasado.
- Soy capaz de superar cualquier desafío que se presente en mi camino.
- Merezco felicidad y plenitud en todas las áreas de mi vida.
- Confío en mi capacidad para tomar decisiones que me beneficien.
- Me amo y me acepta tal como soy, con todas mis imperfecciones.
- Estoy rodeado de amor y apoyo en todas las áreas de mi vida.
- Cada día, me convierto en una versión mejor y más fuerte de mí mismo.
- Mis logros y éxitos son dignos de ser celebrados.
- Estoy en control de mi propia vida y destino.

Victoria Eugenia Correa

Solo conmigo mismo

Celebrando los Logros Personales:

1. Organiza una cena especial: Invita a amigos cercanos o seres queridos a celebrar tus logros con una cena especial en tu restaurante favorito o en casa.

Compartir tus logros con personas importántes en tu vida puede hacer que la celebración sea aún más significativa.

Victoria Eugenia Correa

Solo conmigo mismo

La preocupación por la salud y el sufrimiento humano ha estado presente a lo largo de la historia de la humanidad. Inicialmente, las enfermedades se consideraban trastornos en la vida cotidiana, y no fue hasta la Era Cristiana cuando se comenzó a ver la enfermedad como un acercamiento a Cristo. La asistencia sanitaria estaba a cargo de religiosos y religiosas, quienes ofrecían consuelo más que cura, ya que no contaban con los conocimientos científicos necesarios. La medicina apareció con el fin de buscar respuestas y cura a los males del cuerpo humano.

Recientes estudios en neurociencias y psicología han demostrado que la integración de la espiritualidad en la atención médica puede mejorar el bienestar psicofísico y mental de los pacientes. Estas intervenciones formativas, adaptadas de prácticas contemplativas, permiten entrenar y cultivar habilidades que desarrollan la autoconciencia, una gestión emocional eficiente, mayor resiliencia y compasión. El desarrollo de estas habilidades fundamentales en el trabajo clínico, a través del entrenamiento, permite evitar el contagio emocional y el distrés profesional, y como consecuencia fomentar una mayor satisfacción profesional.

El proceso de sanación emocional es un viaje continuo que requiere compromiso y práctica diaria. Te invito a puedas integrar la sanación en su vida diaria. Esto puede implicar establecer rutinas saludables, rodearse de un sistema de apoyo comprensivo y practicar la autocompasión regularmente.

Animo a los lectores a mantener un compromiso constante con su bienestar emocional, reconociendo que la sanación es un proceso gradual y en evolución. Cada paso que dan hacia el amor propio y la plenitud interior es valioso y significativo, y merece ser celebrado.

Al concluir este capítulo, espero haber proporcionado a los lectores las herramientas y la inspiración necesarias para embarcarse en su propio viaje de sanación y renovación personal. Al sanar las heridas del pasado y fortalecer tus lazos contigo mismo.

Victoria Eugenia Correa

Solo conmigo mismo

Existen diversas técnicas de sanación que se pueden integrar en la vida diaria para mejorar el bienestar psicofísico y mental. Algunas de estas técnicas incluyen la lectura de textos relevantes, la práctica de técnicas contemplativas, como la meditación y la participación en actividades que fomenten la conexión con uno mismo y con los demás. Además, es importante cuidar la alimentación, hacer ejercicio regularmente y dormir lo suficiente.

"La integración de la sanación en la vida diaria ha transformado mi vida. Ahora me siento más conectado conmigo mismo y con los demás, y tengo una actitud más positiva hacia la vida." - Testimonio de una persona que ha integrado la sanación en su vida diaria.

Tiempo	Actividad sin sanación	Actividad con sanación	Beneficios
Mañana	Desayuno rápido y estresante	Desayuno relajante	Mejora la digestión
Medio dia	Comida rápida y sin conciencia	Comida consciente y agradecida	Mejora la digestión y fomenta la gratitud
tarde	Trabajo estresante y sin descanso	Trabajo con descansos ejercicios de relajación.	Mejora la productividad y reduce el estrés
noche	Cena pesada y tarde	Cena ligera y temprana	Mejora la calidad del sueño y la digestión.

Victoria Eugenia Correa

Capítulo 18:
Errar en la búsqueda: El gran equívoco de la búsqueda activa en las relaciones

En la búsqueda de una pareja, a menudo cometemos un error fundamental que puede llevarnos por caminos llenos de desilusión y decepción. Ese error radica en la idea de que las parejas se encuentran, como si fueran objetos en una tienda esperando ser seleccionados, en lugar de entender que las relaciones significativas se construyen con el tiempo, la dedicación y el compromiso mutuo.

Es fácil caer en la trampa de creer que simplemente buscando activamente a alguien que encaje en nuestros criterios idealizados, encontraremos la felicidad y la satisfacción en una relación. Sin embargo, esta mentalidad de búsqueda constante puede llevarnos a cometer errores graves y repetir patrones dañinos que nos impiden encontrar una conexión auténtica y duradera.

Cuando nos enfocamos exclusivamente en buscar una pareja, corremos el riesgo de ignorar aspectos cruciales de la conexión humana. En lugar de buscar afinidad genuina y compatibilidad emocional, nos centramos únicamente en criterios superficiales como la apariencia física o el estatus social. Nos convertimos en cazadores de trofeos, buscando conquistar una presa en lugar de construir una relación sólida basada en el respeto mutuo y la conexión emocional.

El problema con esta mentalidad de búsqueda es que nos lleva a descartar a personas que podrían ser perfectamente adecuadas para nosotros, simplemente porque no cumplen con nuestros estándares preconcebidos. Nos perdemos la oportunidad de conocer a alguien verdaderamente especial porque estamos demasiado ocupados buscando algo que se ajuste a nuestra lista de deseos.

Cuando nos encontramos con alguien nuevo, es natural que busquemos aspectos que nos atraigan y nos impresionen. Sin embargo, debemos recordar que la verdadera conexión va más allá de la apariencia física o los logros externos. Lo que realmente importa es encontrar esa afinidad profunda y significativa que nos une en un nivel más profundo, compartiendo valores, sueños y aspiraciones comunes.

Victoria Eugenia Correa

Solo conmigo mismo

Demasiado a menudo, nos encontramos cediendo ante las demandas y expectativas de nuestra pareja, sacrificando nuestros propios deseos y necesidades en el proceso. Nos conformamos con menos de lo que realmente merecemos, tolerando comportamientos o situaciones que nos hacen sentir incómodos o insatisfechos. Esto solo perpetúa un ciclo de insatisfacción y resentimiento que eventualmente puede llevar al fracaso de la relación.

Es hora de cambiar nuestra mentalidad y adoptar un enfoque más saludable hacia las relaciones. No se trata de buscar desesperadamente a alguien que nos complete, sino de encontrar a alguien que nos complemente. No se trata de ceder ante las expectativas de los demás, sino de establecer límites claros y comunicar nuestras necesidades de manera honesta y directa.

Al dejar de buscar activamente una pareja y enfocarnos en construir una relación significativa basada en el respeto mutuo y la conexión emocional, abrimos la puerta a la posibilidad de experimentar el amor en su forma más auténtica y plena. Es hora de dejar de buscar y empezar a construir, porque la verdadera felicidad no se encuentra, se crea.

En la compleja danza de las relaciones humanas, a menudo nos encontramos atrapados en un ciclo de sacrificio y complacencia que nos aleja de nuestra propia esencia y nos sumerge en un mar de frustración y desilusión. Nos dejamos condicionar por las expectativas externas, sacrificando nuestros propios deseos y necesidades en aras de mantener una relación de pareja que, en última instancia, nos debilita en lugar de fortalecernos.

El error comienza cuando creemos que la otra persona es responsable de llenar nuestros propios vacíos emocionales y satisfacer nuestras necesidades más profundas. Nos sacrificamos, nos conformamos y nos complacemos en un esfuerzo por mantener la armonía en la relación, pero en el proceso, nos perdemos a nosotros mismos y nos volvemos pequeños y sometidos.

La idea de que debemos complacer constantemente a nuestra pareja para que se sienta amada y valorada es un mito pernicioso que nos ha sido inculcado por la cultura y la sociedad. Nos enseñan que la clave para una relación exitosa es sacrificar nuestras propias necesidades en beneficio de la otra persona, dejando de lado nuestros propios deseos y sueños en el camino.

Victoria Eugenia Correa

Solo conmigo mismo

Pero lo que no nos dicen es que este enfoque solo conduce a un resentimiento creciente y una sensación de vacío interior. Nos convertimos en títeres de las expectativas ajenas, sacrificando nuestra propia felicidad en aras de mantener la paz y la armonía en la relación. Nos olvidamos de quiénes somos realmente y nos perdemos en el proceso de complacer a los demás.

Este patrón de comportamiento puede ser especialmente perjudicial cuando ambos miembros de la pareja entran en la relación con vacíos emocionales no resueltos. En lugar de encontrar la felicidad y la satisfacción mutua, nos encontramos atrapados en un ciclo de dependencia mutua que solo sirve para profundizar nuestros propios vacíos y debilitarnos aún más.

Es importante reconocer que ninguna relación puede llenar nuestros vacíos internos o satisfacer todas nuestras necesidades emocionales. La verdadera satisfacción y plenitud vienen del interior, de cultivar una relación amorosa y compasiva con nosotros mismos y aprender a satisfacer nuestras propias necesidades.

En lugar de buscar constantemente la aprobación y la validación externas, debemos buscar el crecimiento personal y la realización interna. Esto significa priorizar nuestro bienestar emocional y establecer límites saludables en nuestras relaciones, no sacrificando nuestra propia felicidad en aras de mantener la armonía en la pareja.

Es hora de liberarnos de las expectativas externas y abrazar nuestra propia singularidad y autenticidad. En lugar de sacrificar nuestra propia felicidad en aras de complacer a los demás, debemos aprender a amarnos y valorarnos a nosotros mismos incondicionalmente, reconociendo que somos dignos de amor y respeto tal como somos.

Al hacerlo, liberamos espacio para relaciones auténticas y significativas que nos nutren y nos hacen crecer como individuos. En lugar de buscar a alguien que llene nuestros vacíos, encontramos a alguien que celebra nuestra plenitud y nos anima a ser la mejor versión de nosotros mismos. Es en este espacio de autenticidad y amor propio que florecen las relaciones verdaderamente satisfactorias y gratificantes.

Victoria Eugenia Correa

Solo conmigo mismo

En un mundo inundado de mensajes que nos dicen que la felicidad se encuentra en una relación romántica, es fácil caer en la trampa de creer que alguien más puede llenar los vacíos en nuestras vidas. Nos convencemos de que encontrar a la persona adecuada nos traerá la realización y la felicidad que tanto anhelamos, y estamos dispuestos a sacrificar nuestra propia felicidad y bienestar en aras de mantener esa ilusión.

Pero la verdad es que nadie puede llenar tus vacíos más que tú mismo. La idea de que otra persona puede completarnos o satisfacer todas nuestras necesidades emocionales es una ilusión peligrosa que puede llevarnos por un camino de dependencia y sufrimiento. Nos hacemos responsables de nuestras propias vidas y buscamos ayuda si es necesario, en lugar de buscar desesperadamente a alguien que nos "complete".

Cuando nos aferramos a relaciones que nos hacen infelices o nos hacen sentir incompletos, nos estamos haciendo un gran daño a nosotros mismos. En lugar de crecer y florecer como individuos, nos reducimos y nos volvemos pequeños y sometidos. Perdemos de vista nuestros propios logros y nos sumergimos en la desesperación y la ansiedad, atrapados en un ciclo de dependencia emocional y autoengaño.

Es fácil caer en la trampa de culpar a los demás por nuestra propia infelicidad y sentirnos víctimas de nuestras circunstancias. Nos volvemos resentidos y amargados, culpando a nuestros compañeros de vida por nuestras propias insatisfacciones. Pero la verdad es que somos los únicos responsables de nuestra propia felicidad y bienestar, y debemos tomar medidas para cuidar de nosotros mismos y encontrar la plenitud interior que tanto anhelamos.

Es hora de dejar de buscar culpables fuera de nosotros mismos y empezar a mirar hacia adentro para encontrar las respuestas que tanto buscamos. Es hora de asumir la responsabilidad de nuestras propias vidas y tomar medidas para sanar nuestras heridas emocionales y encontrar la felicidad y la plenitud que tanto anhelamos.

Al final del día, nadie más puede llenar tus vacíos más que tú mismo. Es hora de dejar de buscar la felicidad en relaciones externas y empezar a cultivarla desde dentro. Es hora de asumir la responsabilidad de nuestras propias vidas y buscar la felicidad y la plenitud que tanto anhelamos en nuestro interior.

Victoria Eugenia Correa

Solo conmigo mismo

En un mundo donde la búsqueda constante de la felicidad en relaciones externas nos deja insatisfechos y desilusionados, es hora de cambiar el enfoque y empezar a buscar la plenitud interior que tanto anhelamos. Es hora de dejar de buscar fuera de nosotros mismos y empezar a mirar hacia adentro para encontrar la felicidad y la plenitud que tanto anhelamos.

Y así, dejamos al lector con una reflexión final: ¿qué pasaría si en lugar de buscar la felicidad en relaciones externas, empezamos a buscarla dentro de nosotros mismos? ¿Qué pasaría si en lugar de depender de los demás para nuestra felicidad, nos hacemos responsables de encontrarla en nuestro interior? Estas son las preguntas que exploraremos en nuestro próximo libro, donde profundizaremos en el tema de la plenitud interior y la búsqueda de la felicidad desde dentro.

Victoria Eugenia Correa

Solo conmigo mismo

CONCLUSIÓN

En la vida, nos encontramos en un viaje de autodescubrimiento y crecimiento personal. A lo largo de este viaje, enfrentamos desafíos, experiencias y relaciones que nos moldean y nos transforman en quienes somos. En el corazón de este viaje está el tema del amor propio: la capacidad de amarnos y aceptarnos a nosotros mismos incondicionalmente, reconociendo nuestro propio valor y dignidad. Este libro, "Solo Conmigo Mismo: Descubriendo el Poder del Amor Propio y la Plenitud Interior", ha explorado profundamente este tema, ofreciendo reflexiones, perspectivas y herramientas prácticas para cultivar un amor propio más profundo y significativo en nuestras vidas.

A lo largo de las páginas de este libro, hemos explorado las muchas facetas del amor propio y su importancia en nuestra vida diaria. Desde entender las raíces del apego emocional hasta aprender a establecer límites saludables en nuestras relaciones, hemos examinado los desafíos y las oportunidades que se presentan al embarcarnos en este viaje de autodescubrimiento y crecimiento personal.

Hemos reflexionado sobre nuestras experiencias pasadas, reconocido nuestros miedos y creencias limitantes, y nos hemos comprometido a liberarnos del ciclo del apego emocional para abrirnos a la posibilidad de experimentar el amor de una manera más plena y satisfactoria.

Una de las principales conclusiones que hemos extraído de este viaje es que el amor propio es la base fundamental sobre la cual construir relaciones más saludables y satisfactorias en nuestras vidas. Al aprender a amarnos y respetarnos a nosotros mismos, establecemos un estándar más alto para las personas con las que permitimos entrar en nuestra vida. Ya no estamos dispuestos a conformarnos con menos de lo que merecemos, y estamos dispuestos a esperar a alguien que nos trate con el mismo amor y respeto con el que nos tratamos a nosotros mismos.

Además, hemos aprendido que el amor propio no es egoísta ni narcisista, sino una necesidad básica para nuestro bienestar emocional y mental. Al cuidarnos y priorizarnos a nosotros mismos, podemos ser mejores compañeros, amigos y miembros de la comunidad. Cuando nos llenamos de amor propio, tenemos más amor para dar a los demás, y nuestras relaciones se vuelven más auténticas y significativas como resultado.

Victoria Eugenia Correa

Solo conmigo mismo

Otra conclusión importante es que el viaje hacia el amor propio no es fácil ni lineal. Nos enfrentamos a desafíos y obstáculos en el camino, y es importante recordar que está bien tener momentos de dificultad y duda. Lo importante es ser compasivos y pacientes con nosotros mismos mientras navegamos por este viaje, reconociendo que el crecimiento personal lleva tiempo y esfuerzo.

En última instancia, hemos aprendido que el amor propio es un proceso continuo y en constante evolución. No es algo que se pueda lograr de la noche a la mañana, sino más bien una práctica diaria de autocuidado, autoaceptación y autocompasión. Requiere que nos enfrentemos a nuestras vulnerabilidades y miedos, y que nos comprometamos a crecer y aprender de nuestras experiencias.

Al cerrar este libro, espero que hayas encontrado inspiración, claridad y motivación para embarcarte en tu propio viaje hacia el amor propio. Que puedas aplicar las lecciones y las enseñanzas compartidas aquí en tu vida diaria, y que puedas experimentar la alegría y la plenitud que vienen al vivir desde un lugar de amor y aceptación hacia ti mismo.

Recuerda siempre que eres digno de amor y mereces ser tratado con respeto y bondad, tanto por ti mismo como por los demás.

Que este libro sea solo el comienzo de tu viaje hacia una vida más plena, satisfactoria y auténtica.

¡Adelante, querido lector, el mundo te espera con los brazos abiertos!

Victoria Eugenia Correa

Solo conmigo mismo

BIOGRAFÍA

Victoria Eugenia Correa

Victoria Eugenia Correa Hernández es una escritora, profesora de español como segunda lengua y creadora de contenido educativo. Nacida en una pequeña ciudad costera de América Latina, desde joven mostró un gran interés por la escritura y la enseñanza.

Después de completar sus estudios universitarios en Educación y Literatura, Victoria se dedicó a explorar su pasión por la escritura creativa y la enseñanza del español. Con una mente inquieta y un espíritu aventurero, decidió compartir su amor por el idioma español con personas de todo el mundo.

Con el objetivo de ayudar a los estudiantes a aprender español de una manera rápida y efectiva, Victoria desarrolló el curso "Español Express: Una Aventura Lingüística para Viajeros". Este curso innovador combina lecciones prácticas con actividades interactivas diseñadas para sumergir a los estudiantes en el idioma y la cultura hispanohablantes.

Victoria Eugenia Correa

Solo conmigo mismo

Además de su trabajo como profesora, Victoria es una prolífica escritora que ha publicado varios libros en una amplia gama de géneros. Su obra más destacada, "Fragmentos de un Alma Errante: Historia de una Mujer Luchando por sus Sueños", es una novela inspiradora que narra la historia de una mujer en busca de su verdadero destino en medio de las adversidades.

Además, Victoria ha incursionado en el mundo de la literatura infantil y juvenil con libros como "Sopa de Letras", diseñados para ayudar a los niños a aprender vocabulario y mejorar sus habilidades de lectura, y libros de bajo contenido como "Libros de Colorear", que ofrecen una experiencia creativa y relajante para todas las edades.

Con su dedicación a la enseñanza y su pasión por la escritura, Victoria Eugenia Correa Hernández continúa inspirando a otros a través de sus palabras y su trabajo, demostrando que el amor por el aprendizaje y la creatividad pueden abrir puertas a un mundo de posibilidades.

Victoria Eugenia Correa

Solo conmigo mismo

Victoria Eugenia Correa

www.ingramcontent.com/pod-product-compliance
Lightning Source LLC
Chambersburg PA
CBHW061423160726
47995CB00003B/723